超効率的

生理周期に合わせてやせる！

フェムテックダイエット

Super efficient femtech diet

Takao Miho

高尾美穂 著

池田書店

はじめに Introduction

これまで、女性の「性」に関する課題はどこかタブー視されていましたが、最近になってようやく日本でも女性ホルモンや女性の体の変化への関心が高まってきています。

以前は女性アスリートも、体重を軽くすればするほどよりよいパフォーマンスができるようになると、男性と同じような過度な食事制限やトレーニングを行い、生理がこないことは当たり前、といった考えが主流でした。しかし、２０１４年に女性アスリートを対象とする「女性アスリート外来」が開設されてから、アスリートの世界でも女性の体やホルモンバランスを考えたコンディショニングが広く行われるようになりました。

これは、アスリートだけでなく一般女性にとっても非常に大切なことです。ＳＮＳの普及により、芸能人やモデル、インフルエンサーなどの存在が身近になり、以前よりも「もっとやせなきゃ」という思いにとりつかれている若い女性も多くなっているように感じます。

しかし、過度なダイエットは女性ホルモンのバランスを崩し、心が不安定になったり、体がだるくて十分なパフォーマンスが出せなくなったり、トレーニングの効果が出にくくなったり、生理がこなくなったりとさまざまな問題を生みます。

20代~30代半ばにかけては女性ホルモンが潤沢に分泌される時期です。そのような時期に、過度なダイエットや睡眠不足により女性ホルモンバランスが崩れると、逆にやせにくい体になってしまいます。女性が美しくやせるためには、女性の体の変化を正しく理解したダイエット方法が必要です。

フェムテックとは、Female（女性）とTechnology（テクノロジー）をかけあわせた新しい言葉で、女性が抱える健康の課題をテクノロジーの力で解決するというものです。女性のよりよい人生を一番に考え、女性ホルモンの力を上手に活かし、生理周期に合わせてダイエット方法を変えていく、そんな女性ならではのフェムテックダイエットをみなさんもぜひ試してみてください。

産婦人科医　高尾美穂

目次

Part 1

Diet & female hormone

女性のダイエットとホルモンの関係って？

Part 2

Exercise & female hormone

しなやかで引き締まった体をつくる

エクササイズ編

Part 3 健康で美しい体をつくる

食事編

Meal & female hormone

Part 4

Life & female hormon

ハッピーに生きるための毎日の過ごし方

生活習慣編

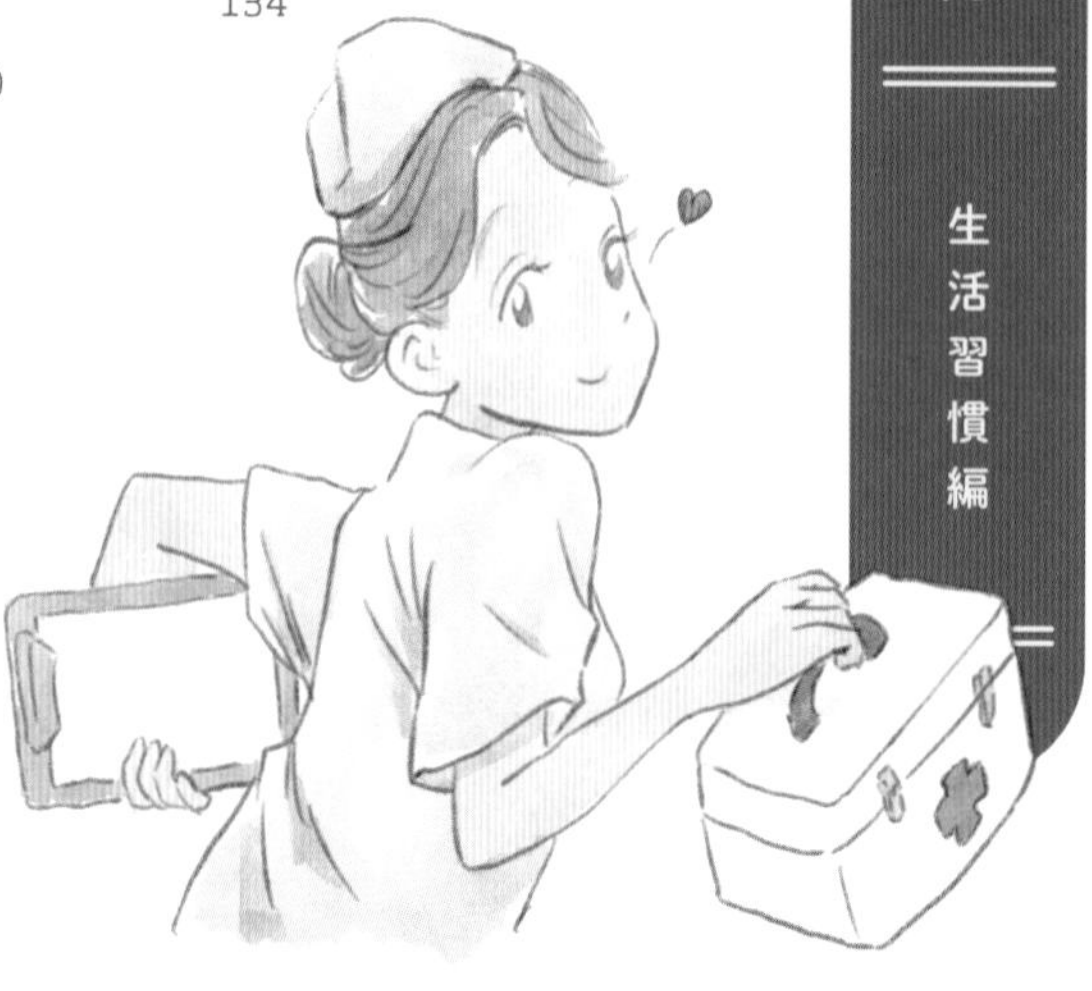

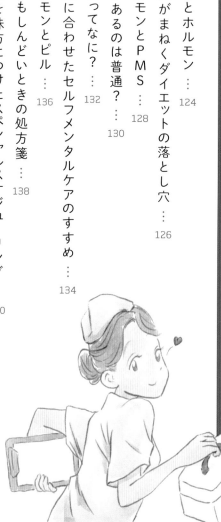

Part 1

Diet &
female hormone

女性のダイエットとホルモンの関係って？

女性は男性とは違う生き物。女性が美しくやせるためには、女性ホルモンの変化を理解した女性ならではのダイエットが必要です。

そもそも

女性ホルモンってなに？

女性の一生を支える大切なホルモン

女性ホルモンとは、卵巣からつくられるホルモンで、女性の健康と密接に関わっています。女性ホルモンと聞くと、妊娠や出産に関わるホルモンというイメージが強いかもしれませんが、女性ホルモンの働きはそれだけではありません。ハリのある肌も、つややかな髪も、ウエストが引き締まった女性らしい体も、すべて女性ホルモンがもたらすありがたい効果です。

そんな女性が健康で美しくあるためにかかせない女性ホルモンは「エストロゲン」と「プロゲステロン」。この2つのホルモンが正常に分泌されることで、周期的な生理がやってきます。まずは、この2つの女性ホルモンの違いや働きを知っておきましょう！

女性ホルモンは2種類ある！

エストロゲンとプロゲステロン、2つの異なるホルモンによって生理周期が形成されています。

エストロゲン（卵胞ホルモン）

主な働き

◎卵胞を成熟させる
◎受精卵が着床しやすくなるように子宮内膜を厚くする
◎乳房の発達を促す
◎肌のうるおいを保つ
◎髪をつややかにする
◎骨や血管を強く保つ
◎代謝を促す
◎メンタルを安定させる

⇨ 女性らしさを保つ **美のホルモン**

プロゲステロン（黄体ホルモン）

主な働き

◎体温をあげ、妊娠に適した状態を維持する
◎子宮内膜の働きを維持する
◎食欲を促す
◎皮脂の分泌を活性化させる
→ニキビができやすくなる
◎体内に水分を蓄積する
→便秘やむくみが起こる

⇨ 妊娠・出産に深く関わる **母のホルモン**

女性ホルモンは どこでつくられるの？

女性ホルモンは卵巣から分泌される

女性ホルモンはどちらも卵巣から分泌されますが、卵巣へ女性ホルモンを出すよう指示をしているのは脳です。

脳の視床下部にはホルモンの司令塔があり、ここから「性腺刺激ホルモン放出ホルモン」が分泌されます。すると、視床下部の下にある下垂体から「黄体形成ホルモン」と「卵胞刺激ホルモン」の2つが分泌され、これが卵巣に届くことで、エストロゲンとプロゲステロンの分泌へと至ります。

さらに、卵巣から分泌された女性ホルモンは血流によって視床下部へと戻されます。視床下部はその伝達を受け、体内の女性ホルモンが最適な濃度になるよう調整してくれるのです。女性ホルモンは脳とも密接に関わっていることを覚えておきましょう。

女性ホルモンの分泌経路

卵巣と脳はお互いに作用し合い、女性ホルモンを分泌します。ホルモンバランスを保つためには脳と卵巣の両方が健康であることが大切です。

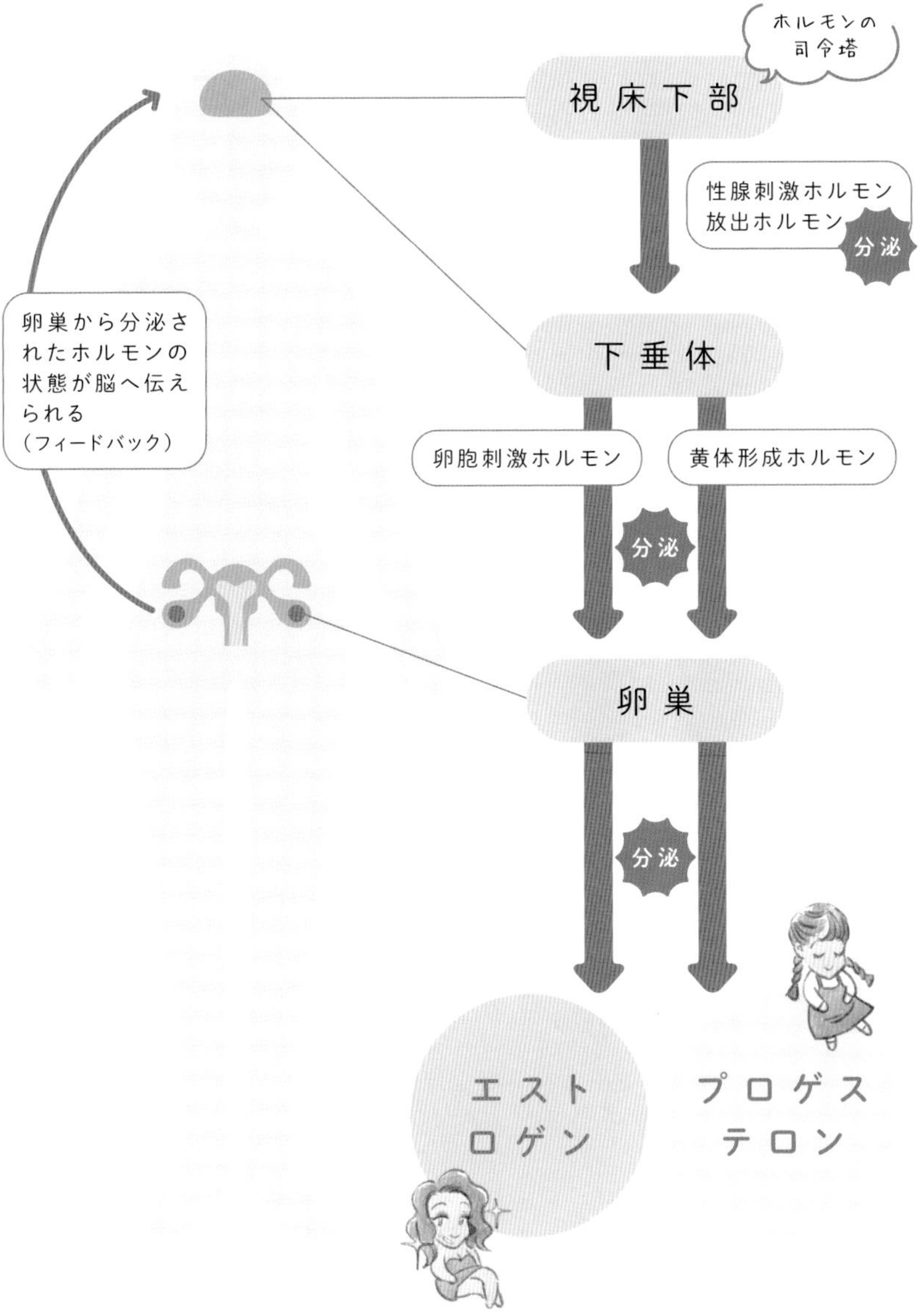
ホルモンの
司令塔
視床下部
性腺刺激ホルモン
放出ホルモン
分泌
下垂体
卵胞刺激ホルモン
黄体形成ホルモン
分泌
卵巣
分泌
エストロゲン
プロゲステロン
卵巣から分泌されたホルモンの状態が脳へ伝えられる
（フィードバック）

女性ホルモンと
女性の一生

女性ホルモンの量は変化する

女性ホルモンは一生分泌され続けるホルモンではありません。20代後半をピークに、30代以降は徐々に分泌量が減少していきます。

女性の一生は「小児期」「思春期」「性成熟期」「更年期」「老年期」と大きく5つに分けられます。小児期には女性ホルモンの分泌量はほとんどなく、思春期からしだいに増えはじめて、20代になると分泌量はピークに達し、その後30代、40代とゆるやかに減少していきます。そして50代に入ると急に増えたり急に減ったりをくり返し、やがて卵巣からの分泌が止まります。この急激な女性ホルモンの変化に脳や体がついていけず、30代後半からはじまるプレ更年期や、40代後半ごろからの更年期の不調が起こるわけです。

年齢とエストロゲン分泌量の変化

女性ホルモンとのお付き合いは人生の約半分である40年ほど。一生にどう関わるかを知っておくと、体の変化にも柔軟に対応できます。

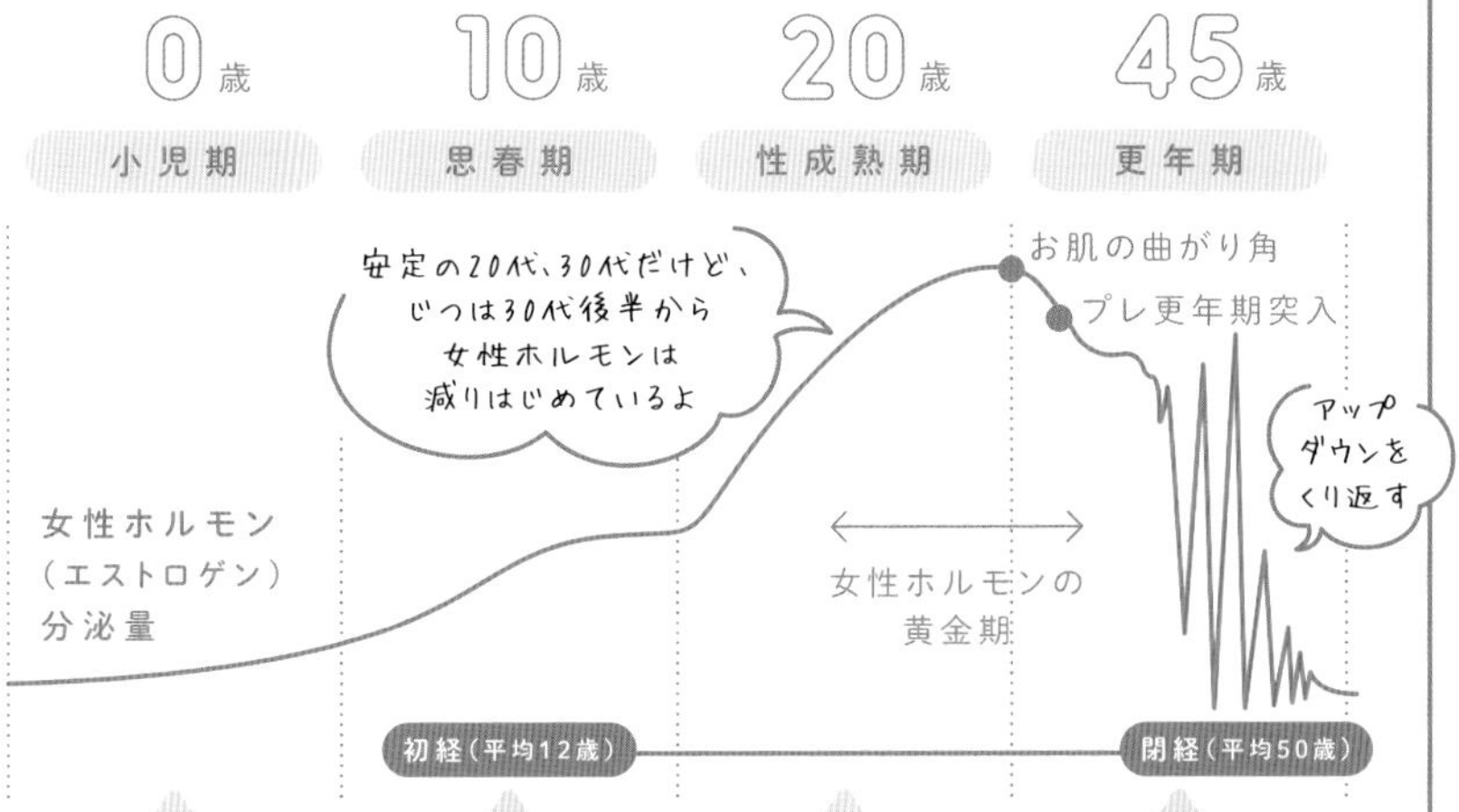
0歳
10歳
20歳
45歳
小児期
思春期
性成熟期
更年期
安定の20代、30代だけど、じつは30代後半から女性ホルモンは減りはじめているよ
お肌の曲がり角
プレ更年期突入
アップダウンをくり返す
女性ホルモン（エストロゲン）分泌量
女性ホルモンの黄金期
初経（平均12歳）
閉経（平均50歳）

女性ホルモンの分泌はほとんどなし。男の子とほぼ変わらない体つきをしている。

初経を迎え、胸がふくらみはじめる。発育途中のため生理不順や無排卵月経も多い。

生理周期や排卵が安定する妊娠・出産にもっともふさわしい時期。約20年続く。

45歳ごろから増減をくり返し50歳ごろに分泌されなくなる。心身ともに不調が多くなる。

※プロゲステロンはコレステロールからエストロゲンが生成される間で作られるため、エストロゲンの分泌が減るころにはプロゲステロンの分泌も減っていきます。

30代から現れる「プレ更年期」に注目

プレ更年期って？

女性ホルモンは30代後半から減りはじめるため、30代でも更年期と似た症状が現れることがあり、医学的な用語ではありませんが、この状態のことを「プレ更年期」と呼ぶこともあります。人によっては、30代でエストロゲン分泌量が50代女性と同じレベルということも。生活習慣を整えることで症状の緩和が見込めますが、気になる人は一度婦人科の受診をおすすめします。

プレ更年期の症状

◎顔がほてる（ホットフラッシュ）
◎顔に汗をかきやすい
◎腰や手足が冷えやすい
◎頭痛、めまい、吐き気
◎イライラしたり怒りっぽくなる
◎くよくよしたりゆううつになる
◎不眠、眠りが浅い
◎つかれやすい

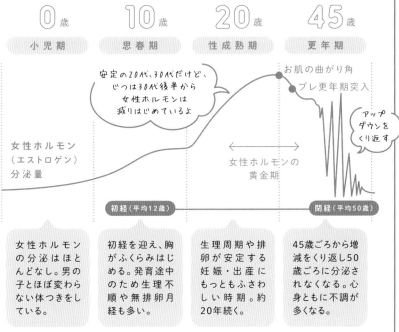

女性ホルモンが
乱れるとどうなるの？

20代、30代でも女性ホルモンは乱れる

20代から30代は女性ホルモンがもっとも多く分泌される、いわば女性ホルモンの黄金期です。

しかし、いくら黄金期といってもストレスや不規則な生活、過度なダイエットが続けば、視床下部から卵巣への指令がうまく出せなくなり、女性ホルモンの分泌が不安定になります。女性ホルモンが周期的に分泌されなくなると、生理不順や無排卵など生理が正常にこなくなるとともに、肩こりや冷え、むくみ、肌荒れ、イライラ、つかれやすくなるなど心身の不調があちこちに現れはじめます。

不調は体からのSOSです。このくらいは大丈夫だろうと思わずに、十分な休息や十分な栄養をとるなど、しっかりケアをしましょう。

女性ホルモンを整える3要素

生理不順や心身の不調がなくとも、この3つを意識した生活を送りましょう。ホルモンバランスの乱れを未然に防ぐことができます。

運動・食事・睡眠のバランスは均等に

女性ホルモンの分泌を崩さないためには、運動、食事、睡眠の3つのバランスを均等に保つことが必要です。バランスのよい食事をして、しっかりと睡眠をとっていても、運動不足だと女性ホルモンの分泌が不安定になる可能性があるわけです。在宅作業が増えて歩く機会が減った人も運動不足の可能性があるので、再度3つのバランスを見直しましょう。

3つ要素が均等になるとホルモンバランスが整う

筋トレやストレッチ、有酸素運動など

→ P.31へ

生理周期に合わせて体に必要な栄養を補う

→ P.83へ

望ましい睡眠時間を確保することで成長ホルモンを味方につける

→ P.126へ

妊娠・出産とホルモンバランス

生理不順を放置していると、いざというときに子どもが望めない、ということになりかねません。30代後半以降は妊娠成立の可能性がさがる人が多いですが、女性ホルモン分泌が安定していない場合も同様に妊娠力はさがります。妊娠は女性ホルモンがバランスよく分泌されてはじめて成立するもの。今からきちんと体に向き合いましょう。

卵子の数は赤ちゃんのころが一番多い!?

卵子のもととなる「原始卵胞」はお母さんのお腹にいるときが一番多く、排卵とともに減っていきます。卵子の数が減るとおのずと妊娠成立の可能性もさがってしまうので、妊娠・出産を希望している人はライフプランを考える機会を持っていただければと思います。

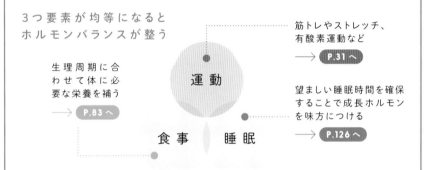

\\ あなたのホルモンバランスは大丈夫？ //

女性ホルモンバランスチェック表

自分にあてはまる項目にチェックを入れましょう。あなたの女性ホルモンバランスの状態がわかります。

- 生理周期が乱れがち
- 生理の期間がいつもより長くなったor短くなった
- 生理のときに出る血の量が少なくなった
- 生理のときに出る血の量が多く、レバーのような塊が混じる
- 生理痛がひどくなった
- 冷えを感じやすい
- 顔や足がむくみやすい
- 肩こりや腰痛がひどい
- 肌荒れや髪のパサつきが気になる
- 運動はほとんどしない
- 便秘が当たり前になっている
- 寝る直前までスマホをいじっている
- 湯船につからず、シャワーで済ませることが多い
- 休日はつい夜更かしをしてしまい、翌朝遅く起きてしまう
- 朝食は食べないことが多い
- 寝る前に夜食を食べてしまうことが多い
- タバコを吸う

- 過去に無理なダイエットをした、または今している
- 睡眠不足が続いている
- 朝起きるのがつらい
- 布団に入ったあと、30分以上寝つけないことがある
- 急に不安になることがある
- 無性にイライラすることがある
- 休日でも仕事のことを考えている
- 人間関係で悩んでいることがある

診断結果

0～5個
バランスバッチリ

女性ホルモンのバランスがとてもよく、心身ともに安定した状態です。生理周期も安定しているのではないでしょうか。引き続き、このままホルモンバランスを崩さないように日常生活を過ごしましょう。

6～10個
バランスフラフラ

女性ホルモンのバランスが不安定になっている可能性があります。肩こりや頭痛など体に違和感を感じている人もいるでしょう。生活習慣をしっかり見直すことで、ホルモンバランスをとり戻しましょう。

11～20個
バランスグラグラ

女性ホルモンのバランスが不安定になっている可能性が高いです。だるさや不安感など、明らかな心身の不調を感じてはいませんか？ 症状がつらいときはがまんをせず、婦人科を受診してください。

女性ホルモンと生理周期について知ろう

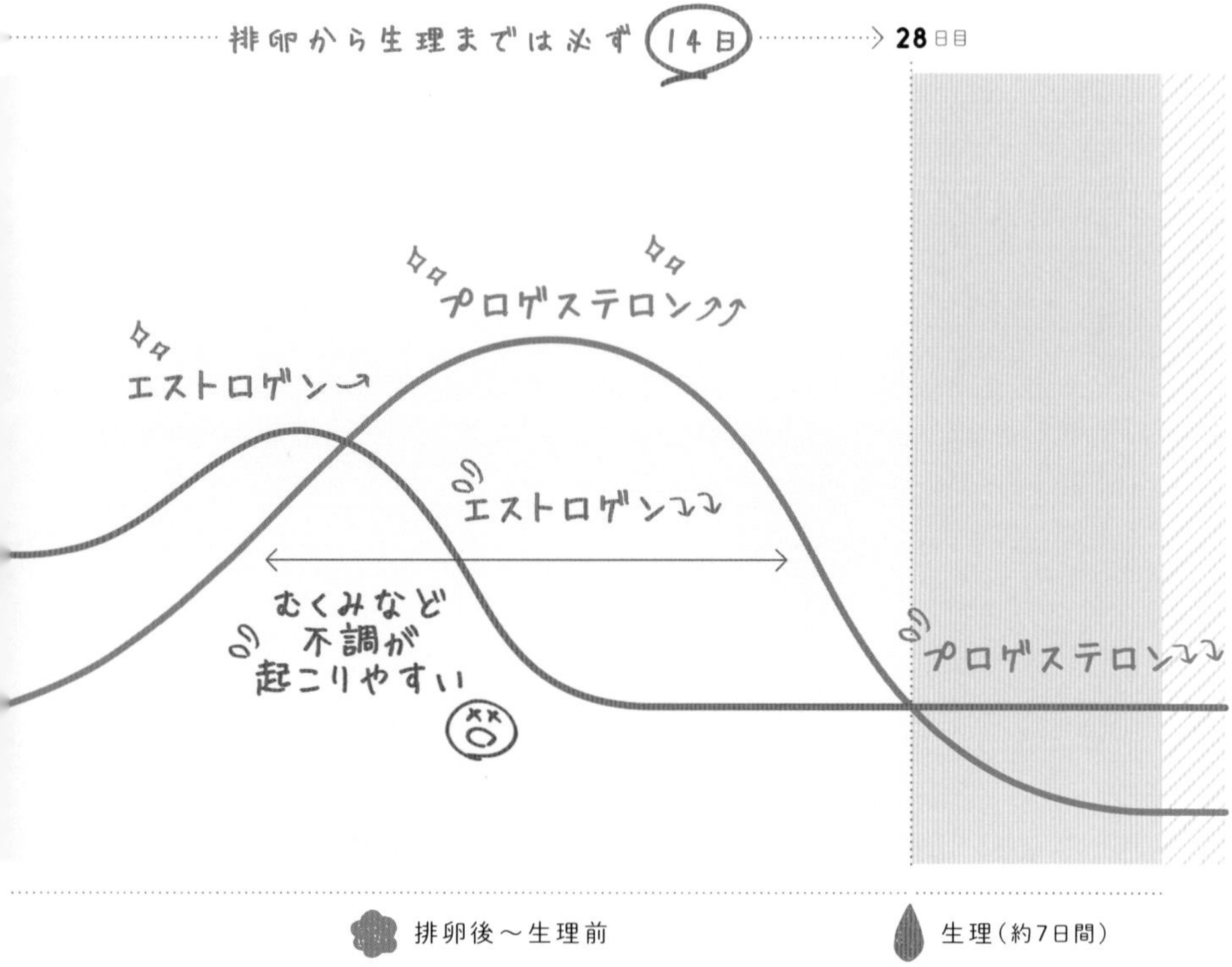
排卵から生理までは必ず14日
28日目
プロゲステロン↗↗
エストロゲン↗
エストロゲン↘↘
むくみなど
不調が
起こりやすい
プロゲステロン↘↘
排卵後〜生理前
生理（約7日間）

生理がくるのは体が健康なサイン

女性ホルモンについての基礎が学べたところで、生理周期と女性ホルモンの関わりについて見ていきましょう。

生理の準備段階は、前回の生理が終わりエストロゲンが分泌されるところからはじまります。エストロゲンの濃度が高くなると、妊娠できるよう子宮内膜が厚くなりはじめ、排卵が起こります。

排卵が起こると、妊娠を継続させるためのホルモンであるプロゲステロンが分泌され、子宮内膜を妊娠しやすい

平均的な生理周期

約4週間（25～38日であれば正常）

生理は女性ホルモンであるエストロゲンとプロゲステロンの作用によって起こります。下図は生理が起こるしくみをわかりやすくグラフにまとめたものです。

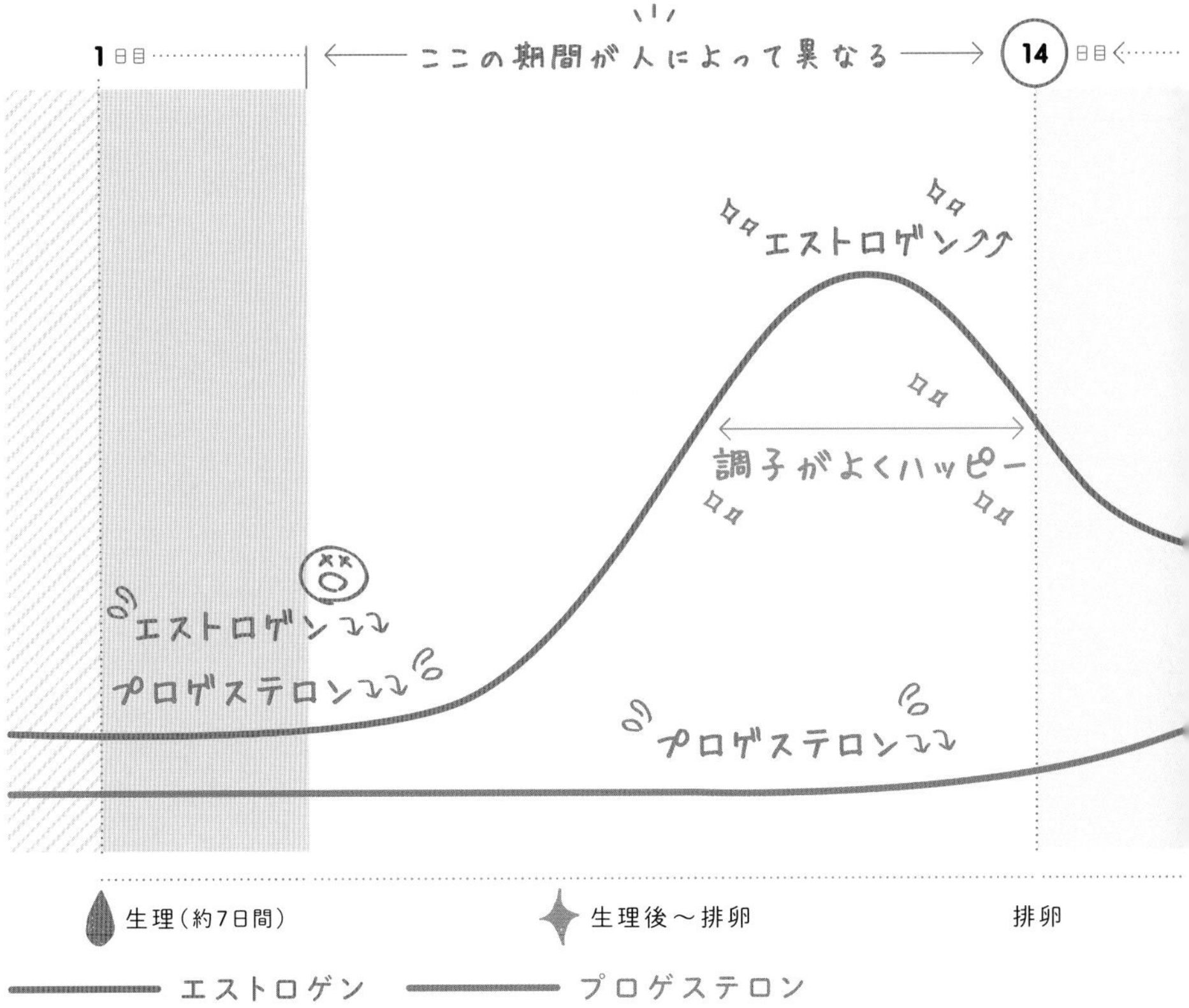
1日目
ここの期間が人によって異なる
14日目
エストロゲン
調子がよくハッピー
エストロゲン
プロゲステロン
プロゲステロン
生理（約7日間）
生理後～排卵
排卵
エストロゲン
プロゲステロン

状態に整えます。ちなみに、この時期に体温が高くなったり、むくみやすくなるのは妊娠していた場合を想定して、子宮を赤ちゃんが育つのに最適な空間へ整える準備をしているからです。

　妊娠成立しなかった場合、赤ちゃんのためのベッドである子宮内膜は使われないと判断され、子宮内膜がはがれ落ち体の外へと排出されます。これが私たちが目にする生理です。

　毎月くる生理を煩わしいと感じるかもしれませんが、順調に生理がくるのは体が健康に働いているサインなのです。

女性ホルモンによる**体質の変化**に合わせたダイエットをしよう

適した時期にメリハリのあるダイエットを

ダイエットをしているけれど、生理中は体重が減らない、生理前につい食べすぎてしまうと悩んでいませんか？「生理がなければ……」と思っている人もいるでしょう。でも、生理周期がある女性だからこそ、女性ホルモンの変化を味方につけたメリハリのあるダイエットを行うことができるのです。

　エストロゲンの分泌量が増える生理後は体重が落ちやすく、プロゲステロンの分泌量が多くなる生理前は体重が増えやすい……といったように、生理周期には体重が落としやすい時期と落としにくい時期があります。

　この体質の変化を見極め、女性ホルモンの力を活かしながら、運動と食事で体を効率的に引き締めていく方法がフェムテックダイエットです。

女性の体と3つの時期

女性の体質は1か月のなかで大きく、「生理中」「生理後～排卵まで」「排卵後～生理前まで」の3つの時期に分けられます。

生理中

女性ホルモン(低) 月に一度のリセット時期

◎妊娠不成立により不要になった子宮内膜が血液とともにはがれ落ち、体外へ排出される

◎出血により体がむくむため、体重が落ちにくい

◎体が冷えやすく、貧血になりやすい

◎腰痛や腹痛（生理痛）がある

◎下痢や吐き気などの症状が現れることも

生理後～排卵まで

エストロゲン(増) 体も心もフレッシュな時期

◎1か月のうち一番体重が軽い時期。プロゲステロンにより溜め込まれた水分が排出されるため、体重が軽くなる

◎セロトニン（幸せホルモン）の生成が促され、気持ちが上向きに

◎肌や髪がつややかになる

◎体のラインがもっともキレイに出る

◎仕事のパフォーマンスが高くなる

◎排卵時には排卵痛が起きることも

排卵後～生理前まで

プロゲステロン(増) モヤモヤが溜まりやすい時期

◎1か月のうち一番体重が重い時期。プロゲステロンの水分を溜め込む作用により体重が重くなる

◎脳や腸が水分を溜め込むことにより、頭痛や便秘が起こりやすくなる

◎手足や顔がむくみやすくなる

◎いつもより食欲旺盛になりやすい

◎体温が平常時より0.3～0.6度ほど高くなる

◎月経前症候群（PMS）が起こる時期

生理周期に合わせて
運動と食事を変えよう

女性ホルモンの力を最大限利用しよう

生理周期に合わせたフェムテックダイエットはいつからはじめたらいいの？と疑問に思う人もいるかもしれません。答えとしては「いつからはじめてもＯＫ」です。しかし、みなさんのなかには目に見えて体重が減らないと、モチベーションがあがらない人も多いのではないでしょうか。そんな人には、生理が終わった直後からダイエットをはじめることをおすすめします。生理後〜排卵までの間は体も軽く、もっともやせやすい、ダイエットに適した時期です。

　フェムテックダイエットでもっとも大切なことは、無理のない範囲で行うことです。厳しい食事制限などによる過度なダイエットは、女性ホルモンのバランスを崩す原因になってし

女性ならではの超効率的ダイエット

3つの時期に合わせたフェムテックダイエットで意識したいポイントはココ!

生理中

無理せず休んでOKな時期。特に出血量が多い間は**ゆっくり休んで**おこう

体重が減りにくいだけでなく、ナプキンのズレが気になって運動に集中できないことも。出血により鉄分・タンパク質が失われるため筋肉もつきにくく、運動には向かない時期です。

生理後～排卵まで

体も軽く気分は上々!**筋トレを中心**に気合を入れてダイエットを頑張ろう

3つの時期でもっともダイエットに適した時期です。筋肉がつきやすい時期でもあるので、生理後から排卵までは筋肉トレーニングを中心に行い体を引き締めていきましょう。

排卵後～生理前まで

むくみや食欲増加で悩みがち。**運動や食事を工夫**して体重増加を抑えよう

むくみや肌荒れなどの体の不調だけでなく、気持ちも不安定になりがち。体重を落とすよりも**現状維持**を意識して、ヨガやウォーキング、ストレッチで気持ちを晴らしていきましょう。

まいます。生理周期に合わせたダイエットは、女性ホルモンのバランスが整ってはじめて最大の効果を発揮するもの。ダイエットをすることで、女性ホルモンが乱れてしまっては元も子もありません。自分の生理周期をしっかりと把握したうえで、食事、運動、睡眠をバランスよくとり、ホルモンバランスを保ちながら、頑張る・休むのメリハリを意識して体を美しく健康的に引き締めていきましょう。

　フェムテックダイエットでは、体質が変わる3つの時期に合わせてそれぞれの時期に適した運動メニューや食事メニューを行っていきます。Part2では運動について、Part3では食事についてくわしく説明しているので、ぜひ実践してみてください。

フェムテックダイエット
体験談レポート

フェムテックダイエットを実際に体験した人の声をまとめました。生理周期や女性ホルモンバランスを整えるための生活の変え方やトレーニング方法など、ぜひ参考にしてください。

体重は－1.5kg、しかし体型に変化が

Aさん

26歳
身長155cm

Myダイエットメニュー

エクササイズ　生理後～排卵までは下半身・お腹まわりを中心に筋トレ、排卵後～生理前は土日にウォーキングと週2～3でなわとび。

食事　とにかく3食きちんと食べて、朝夕はみそ汁を必ず飲む。スイーツはなるべく食べない。

	2021年6月		2021年9月
体重	48kg	⇨	46.5kg
体脂肪率	24.8%		23%

O脚も改善！

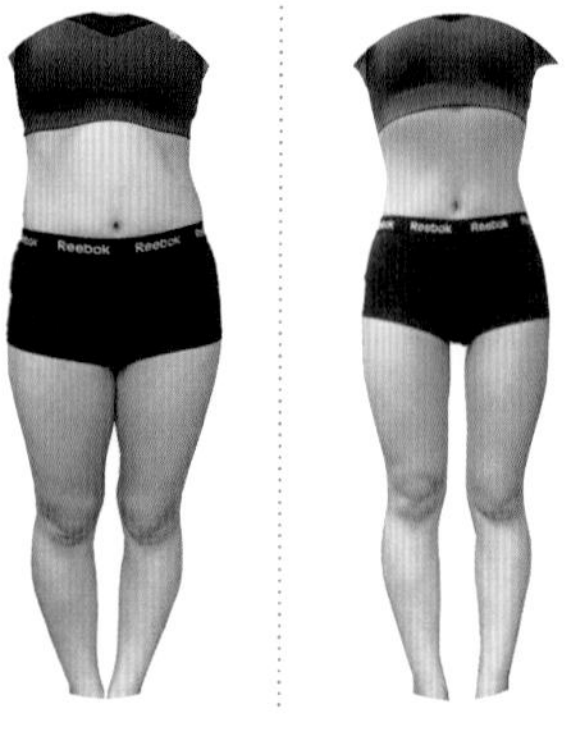

引き締まりメリハリのある体に

体重は1.5kgしか変わりませんでしたが、全体的にかなり引き締まったように感じています。体重の変化がそれほどないのは、今までまったく運動をしていなかったので、脂肪が減り筋肉がついたからなのかなと思っています。また、生理前に意識的に有酸素運動をするようになり、生理前の落ち込みやだるさが軽くなりました。私は朝に有酸素運動を行っていたので、それを習慣にすることで気持ちの切り替えがうまくできるようになったのかもしれません。ダイエット目的ではじめましたが、PMS症状がかなり軽くなったのでとても驚きました。また、今までO脚に悩んでいたのですが、筋トレをすることで足がまっすぐになったように感じています。これからもフェムテックダイエットを続けていきたいです。

食生活を大幅にチェンジ！ 体型にも大きな変化が

Bさん

32歳
身長157cm

2021年7月	2021年10月
体重	体重
66 kg	62 kg
体脂肪率	体脂肪率
37.1 %	34.7 %

脂肪が落ち、ひと回り小さく

もともとダイエットは長続きしないタイプなのですが、ホルモンバランスを崩したことをきっかけに、フェムテックダイエットをはじめました。仕事が忙しく運動する時間をとりづらいと思ったので、まずは食事から見直すことに。すると、すぐに体重に変化がありました。体調のよい生理後は、退勤時に1駅歩くウォーキングをとりいれることに。すると全体的に脂肪が落ち、体の厚みが減った気がします。

My ダイエットメニュー

エクササイズ 筋トレはつらくて続かないと思ったので、通勤時のウォーキングがメイン。気が向いたときにストレッチ&ヨガ。

食事 朝食抜きの生活を改め、ごはんとみそ汁をメインに。栄養管理アプリを使いながら、タンパク質、ビタミン、鉄分を意識して食事をとる。間食はナッツや季節の果物に変える。

ホルモンバランスの乱れからくる冷えやイライラも解消

2021年6月	2021年9月
体重	体重
58 kg	56 kg
体脂肪率	体脂肪率
32.4 %	31.2 %

My ダイエットメニュー

エクササイズ 毎日のストレッチを重点的に、生理後～排卵までは腹筋を中心に筋トレ、排卵後～生理前は平均して週3回ほど軽くウォーキング。

食事 生理周期のそれぞれの時期にとりいれたい食材をメインにした食事を心がけた。朝食や昼食に菓子パンを食べていたのを和食、お弁当に変えた。

Cさん

37歳
身長158cm

無理なく健康的にやせられている

今までもさまざまなダイエットに挑戦しましたが、長続きせず挫折。メリハリのあるフェムテックダイエットならば継続できるかもと思い挑戦しました。筋トレを負担に感じるタイプなので腹筋だけに絞り、毎日のストレッチと食生活を変えることに力を入れました。気になっていた冷えやPMSのイライラも軽くなり、順調に体重も減っているので、健康的にやせられていると実感しています。

\\ 20代→30代でここが変わった！ //

女性ホルモンによる 体質・体調変化の声

20代と30代では女性ホルモンによる影響の感じ方が変わってきます。今回は30代の女性が実際に感じた20代との違いをいくつかご紹介します。30代で体調不良や体の変化を感じている人は、もしかすると女性ホルモンが原因かもしれません。

誰もが年齢による 体調の変化を感じています。

確実につかれやすくなったと感じます。一番大きな変化は30代に入りアレルギーを発症したこと。つかれると確実に皮膚のアレルギーが派手に出るようになりました……。

生理中の症状は20代のころよりも痛みが落ち着き、初日だけつらい感じに変わりました。

（32歳・女性）

26歳ごろから低用量ピルを定期的に処方してもらっています。そのころは寝ずに仕事ばかりしていたので、おそらく不摂生から生理痛が重い、PMSがひどい……という感じだったのだと思います。低用量ピルを処方してもらってからは、生理前の波が穏やかになりました。
30代でもそこは変わらず、生理痛やPMSに惑わされることなく穏やかに過ごせている気がします。自律神経とも関係があるのか、軽い難聴を起こしたり、動悸息切れは30代になって出るようになりました。あとは蕁《じん》麻《ま》疹《しん》を経験したりなど、少し無理したりストレスをためるとすぐ体に出るように。20代のときと比べ、無茶はしないようにしています！
（34歳・女性）

20代はとにかく元気で、寝なくても余裕、毎日飲み歩いていました。30代で子どもを産んで、朝起きるとにかくつかれています。そして夜12時前には眠くなってしまいます（笑）。最近は髪の毛がよく抜けるのが悩みです。

（36歳・女性）

20代前半は生理期間が3～5日と短く出血量も少なくて周期がバラバラでしたが、イライラもなく元気だった気がします。

20代で出産して、27歳で卵《らん》巣《そう》嚢《のう》腫《しゅ》の手術を経験。

その後は生理周期が30日とほぼ安定してきました。

しかし、その割には生理前にイライラしたり、普段気にならないことが気になって落ち込んだり、暴飲暴食で肌が荒れたり便秘になったり……とPMS症状がかなりひどくなりました。

生理期間も7～10日と伸び、血流が悪いからなのか、下腹部あたりがすごくだるいです。とにかく眠いし食欲も減退、むくみもすごい……。

生理が終わるとすべてスッキリして1週間は元気で、排卵日が近くなると下腹部がチクチク痛みます。

（33歳・女性）


20代→30代の体調の違いはとても実感していて、1日無理をすると必ず次の日に響くようになりました。それも疲労感だけでなく、めまいや耳鳴りなどの身体症状として出るので、つらいと感じることも多いです。

仕事中に無性にイライラするなと思ったら、だいたい生理前だったり。ただ、生理前の暴飲暴食は20代のほうがひどかったように感じます。

ジムに通いはじめてからは、仕事でイヤなことがあると「早くジムに行きたい！」と思うので、居場所をつくるのは大事なのかもしれません。運動をするようになってから、生活にメリハリが生まれ、健康に対する意識が高くなった気がしています！

（35歳・女性）

高尾先生より

女性ホルモンは20代にピークに達し、その後ゆるやかに減少していくので、30代で体の変化を感じる方は多いです。みなさんのお声からもわかるように、感じ方や症状は本当に人それぞれ。体の変化についていけない、つらくて生活に影響が出てしまうという人は婦人科の受診をおすすめします。また、20代からかかりつけの婦人科を持っていると、体の変化に対応がしやすいので、20代の方も30代の方も、ぜひ気軽に婦人科に相談してみてください。

もっと
知りたい！

女性ホルモンQ&A

一番頭が働きやすいのは どの時期なの？

1か月のなかでもっとも頭が働きやすい時期は「生理後から排卵までの間」です。心を落ち着かせるセロトニン、やる気を起こさせるドーパミン、認知機能を高めるアセチルコリン、テンションをあげるノルアドレナリンなどはエストロゲンが多い時期に分泌量が増えると言われています。そのため、生理後〜排卵までの間は集中力が増したり、脳が活性化したり、気持ちが落ち着いて冷静に物事を判断できたりします。大切な仕事や約束を入れるのであれば、この時期に入れるのがおすすめです。

体重を落としすぎるのは危険なの？

大きな体重の変動があると、生理不順になる可能性が高まります。特に初経から2〜3年の間に大きく減量してしまうと、その後も生理が安定しないことが多いです。また、初経から最初の2〜3年にかけて骨密度が伸びるため、ここで生理がきちんときていないと、骨密度のピークが低い状態で20代を迎え、将来骨粗しょう症になる可能性が極めて高くなります。20代、30代においても過度なダイエットは避けたほうがよいですが、特に10代後半の無理なダイエットは、その後の健康にかなり悪影響を及ぼすので、絶対にやめましょう。

かかりつけの婦人科は あったほうがいいの？

少し前まで、婦人科や産婦人科は妊娠してからかかる病院という印象が強かったですが、そんなことはありません。女性は不調が常態化していることも多く、病気のサインに気づきにくい傾向にあります。妊娠出産など、次のライフステージへの心配をなくすためにも、定期的な婦人科受診をおすすめします。また、女性の体は年齢を重ねるにつれて変化するため、体の変化による不安をひとりで抱えないためにも、かかりつけの婦人科、産婦人科があると心強いのではないでしょうか。

Part 2

Exercise & female hormone

しなやかで引き締まった体をつくる

〜エクササイズ編〜

引き締まった美ボディをつくるには運動が不可欠。ホルモンの力を全力で借りて、メリハリのあるエクササイズを行いましょう。

美しい体づくりにかかせない
運動を上手にとりいれよう

無理は禁物！　できるときにやるが勝ち？

たとえばパーソナルジムに1か月に4回通うとします。男性は月を4等分して、1週間に1回など均等に運動を行う日を設けることが一般的かもしれませんが、女性にはその分け方はおすすめできません。女性の場合、1か月に4回運動日を設けるのであれば、生理後から排卵までの間に3回、排卵後から生理前の間に1回といった具合に、ぎゅっと日にちを詰め込んだトレーニングが効果的です。

　しかし、体を引き締めたいのであれば、生理後から排卵までの約14日間だけでなく日常的に運動をとりいれていきたいのも事実。ここでは、より効率的にやせるためにどのように過ごしていけばいいのかを、運動面にフォーカスして説明していきます。

女性の体の3つの時期とおすすめの運動

時期別の運動メニューにプラスして毎日続けられる簡単なストレッチを行っていくと、より効率よく体を引き締めることができます。

生理中

休養

ナプキンのズレが気になって運動に集中できなかったり、出血により鉄分が失われて貧血になりやすかったりと運動には向かない時期です。体重も落ちにくいため、体を休めることを最優先しましょう。

＋

生理後～排卵まで

筋トレ

むくみが少なく、かつ筋肉がつきやすい時期です。筋トレ系のエクササイズを集中的に行うのがベスト。基礎代謝をあげておくことで、排卵後の体重増加も防げます。

＋

排卵後～生理前まで

ヨガ・有酸素運動

プロゲステロンの作用により体重が落ちにくい時期。しかし、体温が平常時よりも高くなるため基礎代謝も高くなります。ヨガや有酸素運動を中心に脂肪燃焼を目指しましょう。

＋

簡単なストレッチ

生理中の運動

生理中は体を動かすのに向かない時期

子宮内膜が血液とともに体外へと排出される生理中は、運動には不向きな時期です。経血の量には個人差がありますが、1回の生理につき20〜140mlが平均と言われています。つまり、多いときは紙コップ1杯分に近い血液が体から失われているのです。

血液が失われると鉄分や、筋肉をつくるもとであるタンパク質が不足しやすくなるため、生理中は筋肉がつきにくい時期とも考えられます。さらに、体が冷えやすく、基礎代謝がさがるため脂肪燃焼効果も低くなります。加えて貧血になりやすく、生理痛やナプキンによる不快感もある……。そんな明らかに運動に不向きな時期に無理をする必要はありません。生理後へ向けて、体をゆっくり休めましょう。

生理中の運動はここに気をつけて!

生理中の運動で気をつけてほしいポイントをまとめました。無理はせず、体をリラックスさせることが大切です。

生理による不調を緩和するヨガがおすすめ

生理中にハードな運動は向きません。体をゆっくりと休ませることが大切です。しかし、簡単なストレッチやヨガは体の血行をよくし、生理痛や落ち込んだ気持ちを晴らす効果もあります。痛みが激しいときは鎮痛剤を服用し横になることが最善ですが、痛みがやわらいだら不調を緩和するヨガにチャレンジしてみましょう。

終わりかけならちょっと頑張ってみてもOK

1週間ほど続く生理ですが、出血が多く、痛みが伴うのは最初の3日間ほどだったりします。痛みもおさまってくると、「ダイエット中なのに怠けてていいのかな」と不安になることも。運動したいと思う人は出血量がおさまる4日目あたりから運動をはじめても構いません。生理の終わりにかけてはエストロゲンの分泌量も徐々に増えてくるため、生理後からの運動期へ向けて早めのスタートダッシュを切っておくのもひとつの方法です。

1日目～3日目

◎生理痛をやわらげるヨガ
◎腹式呼吸でリラックス
◎むくみが気になるなら
軽く足のマッサージ

4日目～7日目

◎軽いウォーキング
◎上半身の筋トレ

※足を頭より高くすると経血が逆流する可能性があるので生理中は足あげなどのストレッチは控えましょう

生理後～排卵までの運動

エストロゲンの力を借りて筋力アップを

生理後から排卵までにかけては、むくみが少なく物理的にもメンタル的にも、もっとも体と心が軽くなるダイエット向きの時期です。筋肉がつきやすい時期でもあり、運動メニューとしては筋トレを中心に行っていくのがよいでしょう。この期間にしっかりと筋肉量を増やしておくことで、基礎代謝があがり、脂肪を燃やしやすく、やせやすい体になります。

また、排卵後からはプロゲステロンの作用により体重が増えやすくなりますが、排卵までの間に筋肉量を高めておくと、生理前の体重の停滞やリバウンドを防ぐことができます。引き締まった体を手に入れるためにも、この時期だけは気合いを入れてトレーニングに尽力しましょう。

生理後〜排卵までの運動はここに気をつけて！

ダイエットに向けてモチベーションもあがるこの時期。気合いを入れてトレーニングを頑張りたいですが、はりきりすぎには注意が必要です。

最初からとばしすぎはNG

生理が終わり、ダイエットを頑張ろう！と最初からフルスロットルでとばしてしまうと、長続きしません。大切なのは生理後から排卵までの間、筋トレをきちんと続けること。特に最初は慣れない筋トレで筋肉痛が起こることも多いので、これくらいなら続けられると感じる強度からはじめていきましょう。

筋トレで注目すべきは「基礎代謝」

筋トレそのものには脂肪を減らす効果はありません。しかし、筋トレにより筋肉量が増えると基礎代謝があがり、やせやすい体になります。

基礎代謝とは？

人が生命を維持するために最低限必要とするエネルギーのこと。基礎代謝があがると、1日に消費するエネルギーが増えるため脂肪燃焼しやすい体になる。

気になる！ 筋トレのギモン

＼＼ムキムキにならないの？／／

女性は男性に比べて、筋肉をつくるホルモン（テストステロン）の分泌量が少ないため、筋トレでムキムキになることはまずありません。むしろボディラインが引き締まるため、メリハリのある美しい体をつくることができます。

＼＼部分やせも可能／／

食事制限だけで部分的にやせることは難しいものです。しかし、筋トレでは二の腕やもも、下腹部など、気になる箇所を重点的に鍛えることができるため、部分的に引き締める、いわゆる部分やせも可能です。

排卵後～生理前 までの運動

有酸素運動で脂肪燃焼を

排卵後から生理前にかけては、プロゲステロンの作用で体重が増えやすくなります。しかし、その体重増加はむくみによるものがほとんどで、生理後から排卵までの間に筋力をつけ、基礎代謝をアップしていれば、実際はきちんとやせやすい体になっています。

また、排卵後から生理前はいわゆる高温期。体温が普段より高くなることで基礎代謝はさらに高まります。この時期を利用して、有酸素運動を行うと脂肪燃焼に効果的です。

ただし、ＰＭＳなどの症状も見られる時期なので、無理は禁物。ヨガや、景色がいい場所でのウォーキングなど、ダイエット目的だけでなく、心のリラックスにも意識を向けた運動メニューをとりいれるとよいでしょう。

排卵後～生理前までの運動はここに気をつけて！

排卵後から生理前は心身ともに不調が現れやすい時期。モヤモヤや落ち込みと向き合いながら体を動かしていきましょう。

運動には心のモヤモヤを晴らす効果も

生理前は心も不安定になりやすく、やる気が出なかったり、気持ちが沈んでしまったりとダイエットに対して意欲的になれないこともあります。しかし、運動には気持ちを明るくする効果があります。心がモヤモヤするときは、ヨガやウォーキングなどで体を動かしてみましょう。また、運動を習慣化させることで、ホルモンバランスや自律神経が整うことから、生理周期を正常に保つためにも効果的です。

体重が増えても気にしないで

ダイエット中に体重がなかなか減らなかったり、ましてや増えてしまったりすると絶望的な気持ちになるかもしれません。でも、この時期に体重が増えるのは女性ホルモンの観点から見ると当たり前。ほとんどの女性が体重増加を感じたことのある時期です。生理周期に合わせたダイエットでは、この時期の多少のリバウンドはOK。排卵までの間で落とした体重に対して半分以内のリバウンドであればまったく問題ありません。体重はあまり目安にせず、3か月でマイナス1.5kg～2kgを目標にしましょう。

1か月あたりの理想的な体重推移

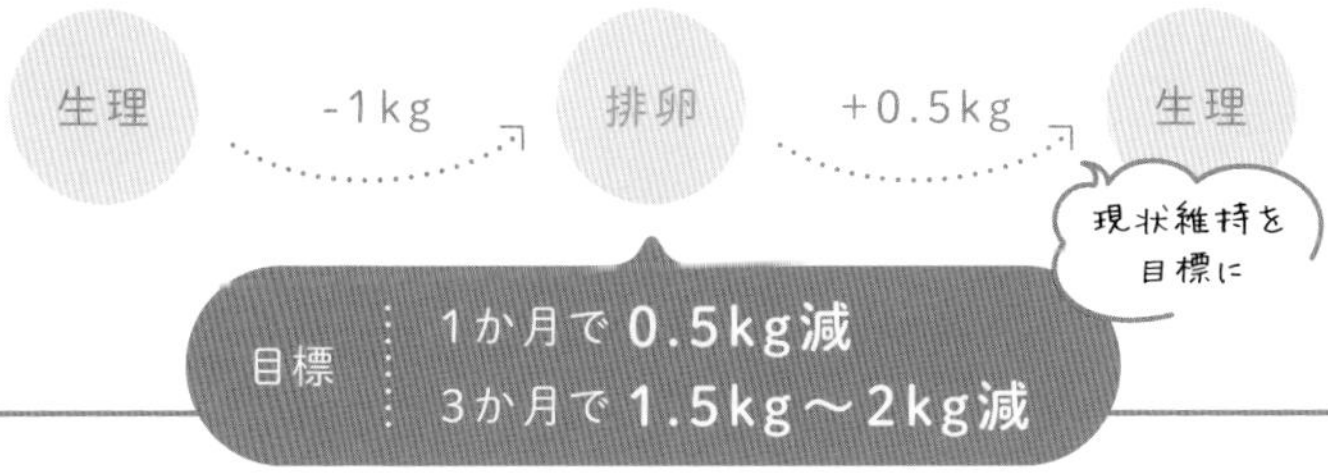
生理
-1kg
排卵
+0.5kg
生理
現状維持を目標に
目標
1か月で0.5kg減
3か月で1.5kg～2kg減

体重より
体型を重視しよう

女性の体は1か月で約2kg変化する

3か月で1.5kg〜2kg体重を減らしていくのがベストとお伝えしましたが、ダイエットにおいて体重ばかりにとらわれてしまうのはよくありません。

排卵後から生理前にかけては、なにもしなくても最大で2kgも体重が変化します。しかし、この体重増加はほぼすべて水分によるものなので、水分が抜ければもとに戻るわけです。また、脂肪よりも筋肉のほうが重いため、同じ50kgでも脂肪が多い人と筋肉が多い人とでは体型がまったく違います。体重だけを考えてしまうと、落ちていかないことがストレスになり、ホルモンバランスが崩れる原因にもなるので、体重はあくまでひとつの指標としてとらえ、なりたい体型へ近づくことを一番に考えていきましょう。

運動するときのポイント

運動時に気をつけたい点や疑問点をまとめました。自分の生活サイクルに合わせて無理なく運動を行っていくことが大切です。

運動時にはここに気をつけて

◎水分補給は忘れずに

はじめる前と終わったあとには必ず水を飲むように意識しましょう。運動しているときに少しでも具合の悪さを感じたら、無理せず中断してください。

◎運動前には必ずストレッチをしよう

筋トレもヨガを含む有酸素運動も、ストレッチをしてからはじめましょう。ストレッチの内容はP.44～53「毎日行いたいエクササイズ」を参考にしてください。

◎息を止めずしっかり呼吸をしよう

筋トレや有酸素運動では息が乱れやすくなりますが、しっかり呼吸を続けることが効果的です。P.44～45「腹式呼吸」を参考に呼吸にも意識を向けて行いましょう。

気になる！ 運動時のギモン

筋肉痛でも続けるべき？

はじめは筋肉痛になることも。筋肉痛になったら、痛みがない箇所を中心に筋トレを行いましょう。

いつから効果が出る？

目に見えて効果が現れはじめるのは、2～3か月ごろからです。焦らず続けていくことが大切です。

毎日できなくてもいい？

運動する時間がとれないときは、週2・3回でも大丈夫です。できるだけ生理後～排卵までの間に集中して運動の時間をつくれるようにしましょう。

運動に最適な時間帯は？

基本的には好きな時間帯に行って大丈夫ですが、空腹時の運動は避けましょう。また、なるべく就寝3時間前までに行うのがおすすめです。

デブ筋とヤセ筋を知っておこう!

全身筋肉MAP

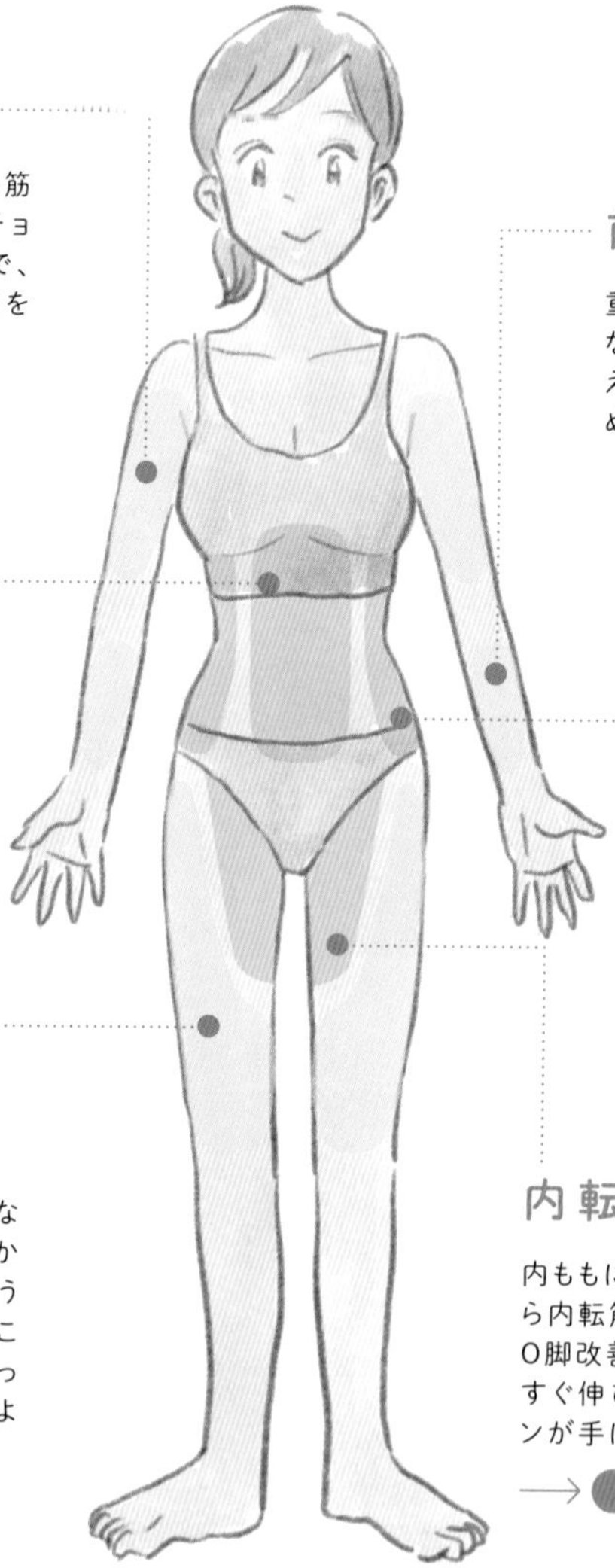

上腕二頭筋
デブ筋

いわゆる力こぶにあたる筋肉。鍛えすぎるとマッチョな印象になりやすいので、裏側にある上腕三頭筋を鍛えるようにしましょう。

前腕屈筋群
デブ筋

重いフライパンを持つときなどに使っている筋肉。鍛えるとゴツい印象になるため、注意しましょう。

腹直筋
ヤセ筋

いわゆるシックスパックと言われる筋肉です。お腹に縦線を入れたい人はここを鍛えましょう。

→ P.62 へ

腹斜筋
ヤセ筋

お腹の横部分の筋肉です。ウエストのくびれをつくりたいならここを鍛えるようにしましょう。

→ P.64 へ

大腿四頭筋
デブ筋

太ももの張り出しが気になる人はこの筋肉が原因かも。膝下だけを動かすような歩き方をしている人はここが張りやすいので、しっかり足全体を使って歩くようにしましょう。

内転筋
ヤセ筋

内ももに隙間をつくりたいなら内転筋の筋トレがベスト! O脚改善にも効果的で、まっすぐ伸びた美しい足のラインが手に入ります。

→ P.60 へ

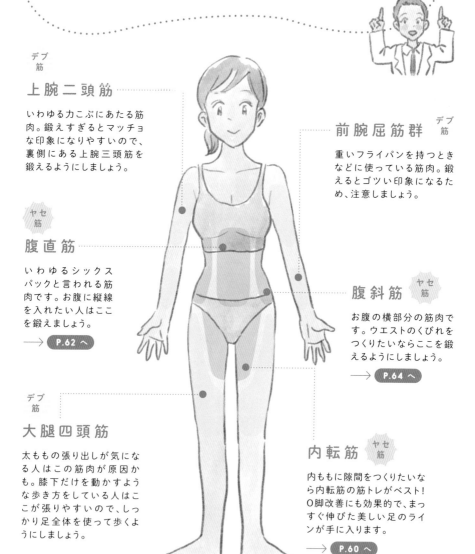

筋肉には鍛えるとガタイがよく見えてしまいがちなデブ筋と、鍛えることで美しく引き締まって見えるヤセ筋があります。ヤセ筋を中心にトレーニングすることでより効率のよいボディメイクが可能となります。また、筋肉の位置を知って、どの筋肉にアプローチしているかを認識しつつ筋トレを行うと、筋トレの効果を感じやすく、モチベーション維持にもつながります。

体の後ろ側にはヤセ筋がいっぱい!

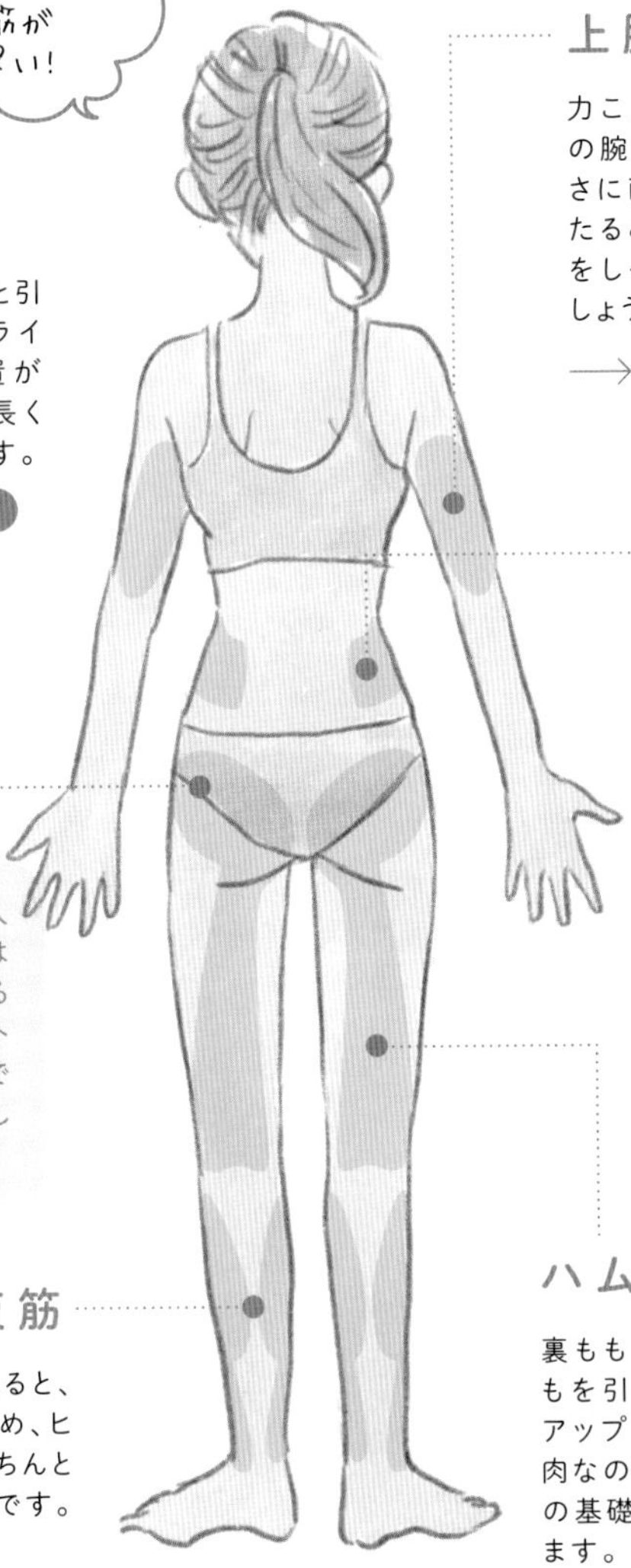

ヤセ筋

大臀筋

鍛えることでキュッと引き締まったヒップラインに。おしりの位置があがることで足も長く見えるようになります。

→ P.60, P.70 へ

ヤセ筋

上腕三頭筋

力こぶの裏に位置する二の腕の筋肉で、二の腕の細さに直結します。二の腕のたるみが気になる人はここをしっかり鍛えるとよいでしょう。

→ P.68 へ

ヤセ筋

腹横筋

腹筋のなかで一番奥にあるインナーマッスルで、コルセットのように体を支えています。ここを鍛えることでウエストが引き締まるほか、腰痛予防にも効果的です。

→ P.66 へ

普段からヒールをはく人や立ち仕事が多い人は逆に筋肉が張っていることも。その場合、筋トレは避けてマッサージでしっかりと筋肉をほぐしてあげましょう。

ヤセ筋

ヒラメ筋・腓腹筋

ふくらはぎの筋肉が衰えると、足がむくみやすくなるため、ヒラメ筋と腓腹筋両方をきちんとつけてあげることが大切です。

→ P.70 へ

ヤセ筋

ハムストリングス

裏ももにある筋肉です。太ももを引き締めるほか、ヒップアップにも効果的。大きい筋肉なので、鍛えることでかなりの基礎代謝アップが期待できます。

→ P.70 へ

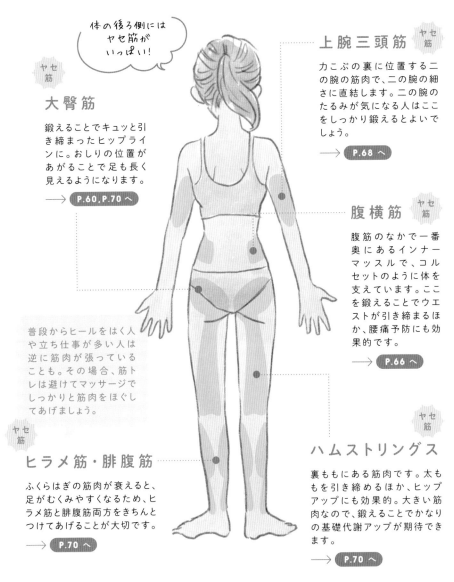

毎日行いたい エクササイズ①

ダイエットの
基本呼吸

腹式呼吸

横隔膜を大きく動かす腹式呼吸は、すべての運動で意識したい呼吸法です。インナーマッスルも鍛えられます。

目標回数
1セット
9回

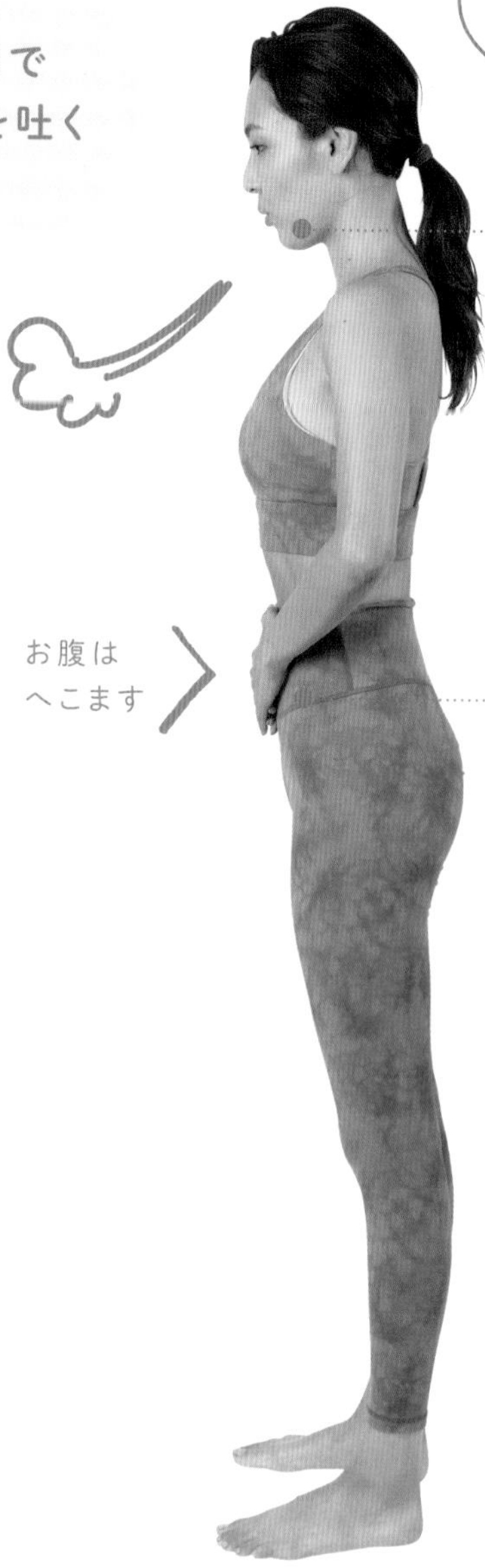

口で
息を吐く
あごを引く
お腹は
へこます
へそ下5cm
の丹田を
押し込む
ように

1

背筋を伸ばし、お腹がへこむのを意識しながら、9秒かけてゆっくり息を吐ききる。

鼻で
息を吸う
胸を張るイメージで
じわ〜
お腹は
ふくらます
へそ下5cmの
丹田を意識

POINT

へそ下5cmあたりにある「丹田」に手を当てながら息を吸うことで、お腹をふくらましやすくなります。息を吐くときも、丹田を背骨側へ押し込むように意識することで横隔膜がゆるみ、肺の空気をすべて吐き出すことができます。

2

お腹をふくらませながら、3秒かけて鼻から大きく息を吸い込む。1と2をくり返す。

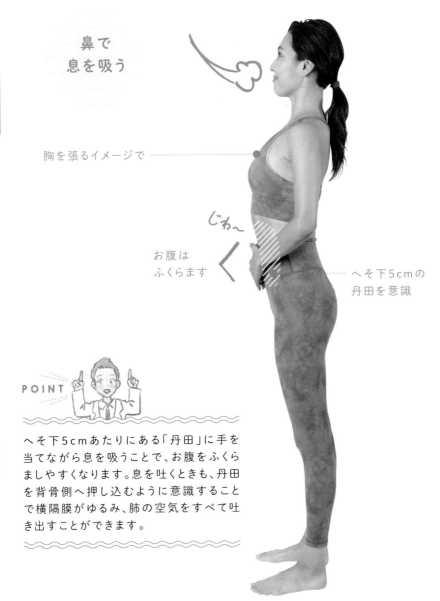

毎日行いたい
エクササイズ②

股関節ストレッチ

冷えの解消効果も

股関節まわりをゆるめることで血流がよくなり、基礎代謝もアップします。

正座からスタート

ひざはしっかり伸ばす

ひじは曲げない

1

正座の状態から左足を内側に曲げ、右足は後ろにまっすぐ伸ばす。腕は伸ばして床に触れ、背筋が伸びるように体を支える。

目標秒数
9秒
キープ

2

ゆっくりと息を吐きながら上半身を前に倒して、床に手をつき9秒キープ。正座に戻り、反対の足で1と2を行う。

つらい人はこれでもOK
両手を重ねておでこの下に置く

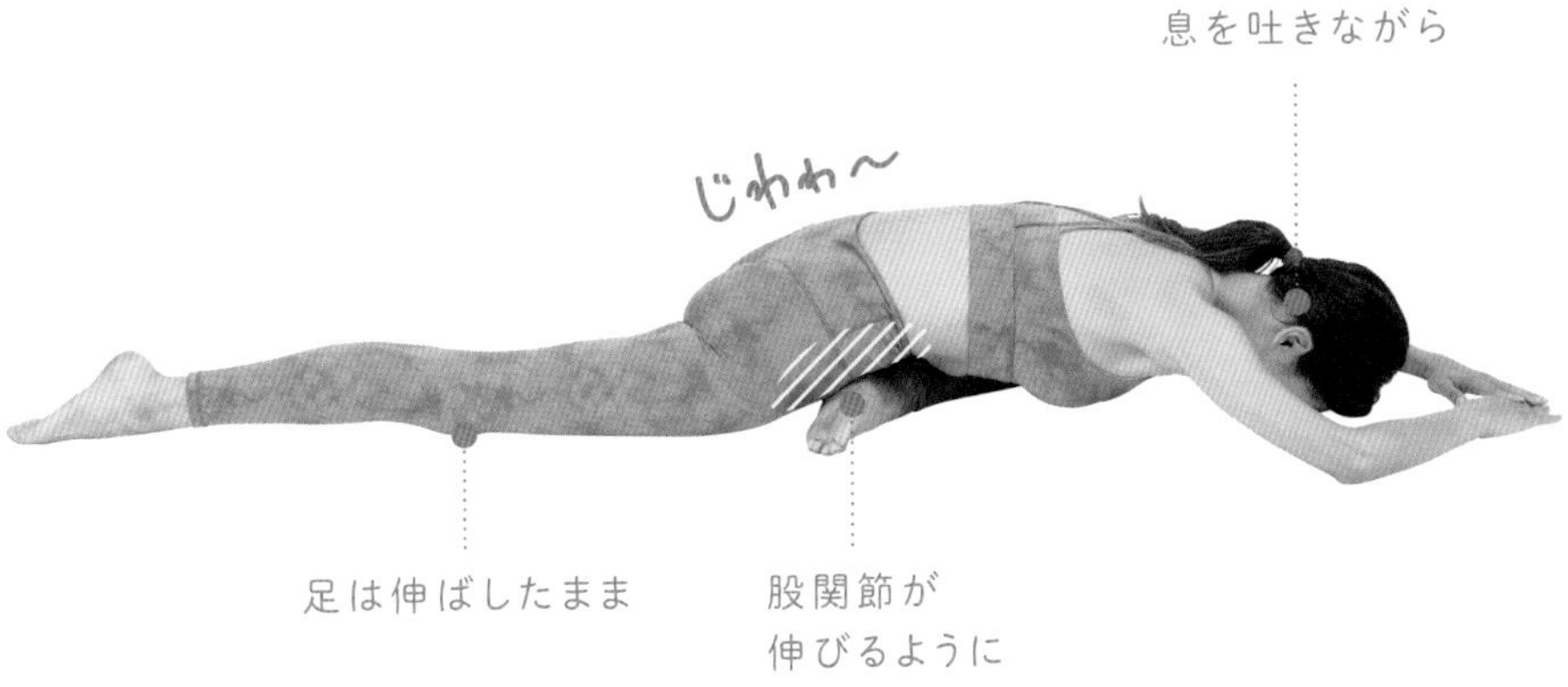
息を吐きながら
じわわ～
足は伸ばしたまま
股関節が伸びるように

POINT

姿勢の悪さや運動不足により股関節が硬くなっていると血流が悪くなりがちです。股関節をしっかりとゆるめることで、冷えやむくみの改善にもつながります。股関節の可動域が広がるため、運動前のストレッチとしてもおすすめです。

毎日行いたい

エクササイズ③

背中の動きを
スムーズにする

ひざ倒しストレッチ

背中や腰まわりをしっかり伸ばし、しなやかな体を手に入れましょう。

目標秒数

9秒キープ

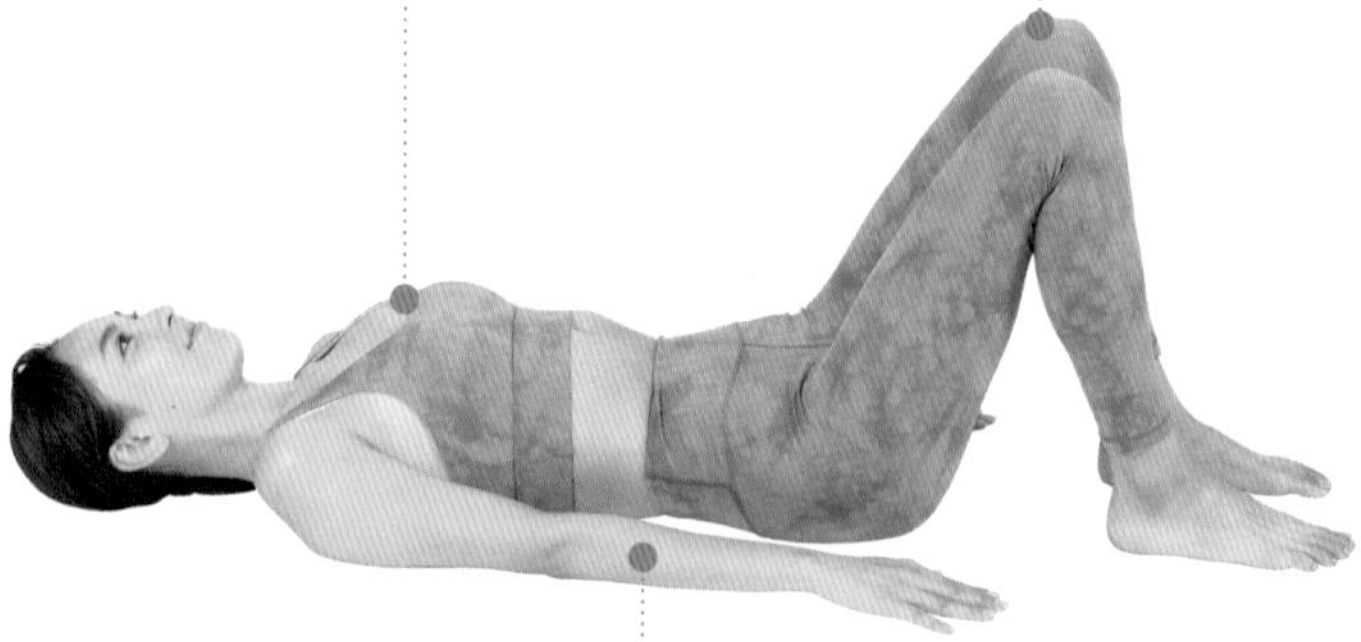

体の力を抜き
リラックス
ひざは内側に
入れない
腕は少し開いてもOK

1

仰向けになり両ひざを立てる。足は肩幅に開き、腕は体の横で伸ばし床につけて楽にしておく。

2

右足の外くるぶしを左のひざにかけ、グッとひっぱるように右側に倒して9秒キープ。1に戻り、反対の足で1〜2を行う。

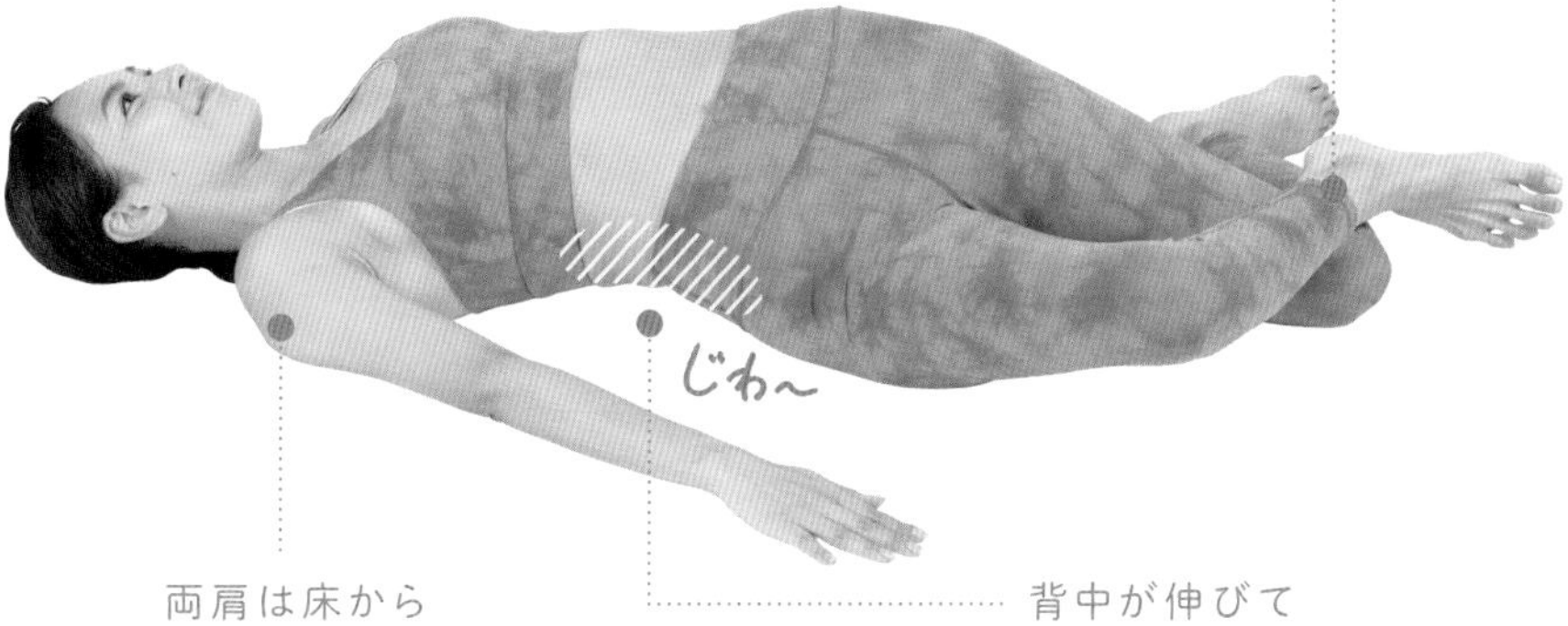
外くるぶしは
ひざにかけたまま
じわ〜
両肩は床から
浮かないように
背中が伸びて
いることを意識

POINT

デスクワークが多い方は、背中や腰、肩の筋肉がこり固まってしまいがち。背中まわりをしっかり伸ばして、固まった筋肉をほぐしてあげましょう。猫背や反り腰を治したい方にもおすすめのストレッチです。

毎日行いたいエクササイズ④

背中をツイスト

肩関節を広げるストレッチで
肩こりや首こりを改善しましょう。

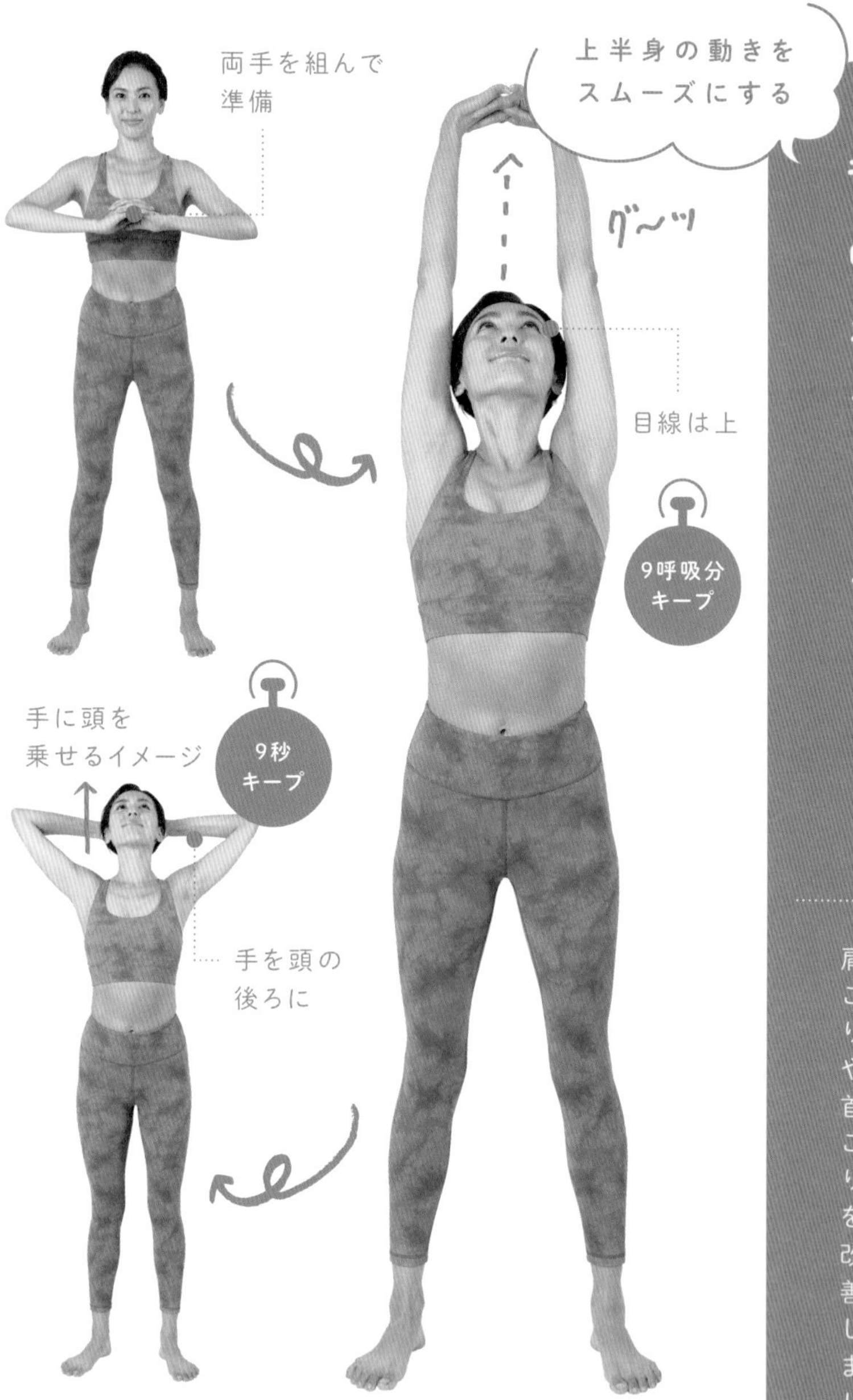

上半身の動きをスムーズにする
両手を組んで準備
グ〜ッ
目線は上
9呼吸分キープ
手に頭を乗せるイメージ
9秒キープ
手を頭の後ろに

1

両手を胸の前で軽く組む。手のひらを上に向け、天井へ向かって押しあげて、9呼吸分キープ。手を組んだまま頭の後ろに回し、上を向いてさらに9秒キープ。

目標秒数
各9秒キープ

2

頭の後ろで手を組んだまま、右ひじを上にあげ、9秒キープ。左も同様に行う。

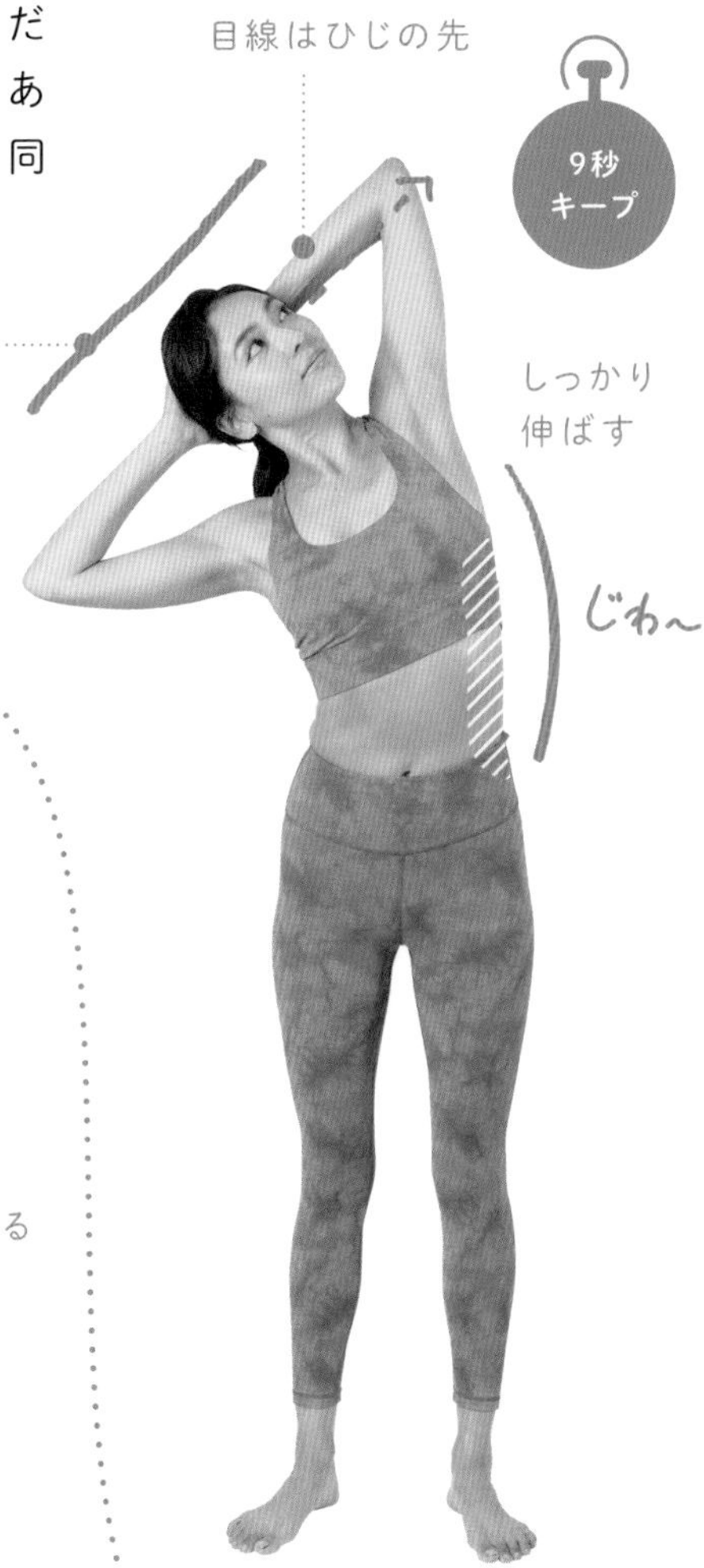
目線はひじの先
9秒
キープ
両腕が一直線に
なるように
しっかり
伸ばす
じわ〜

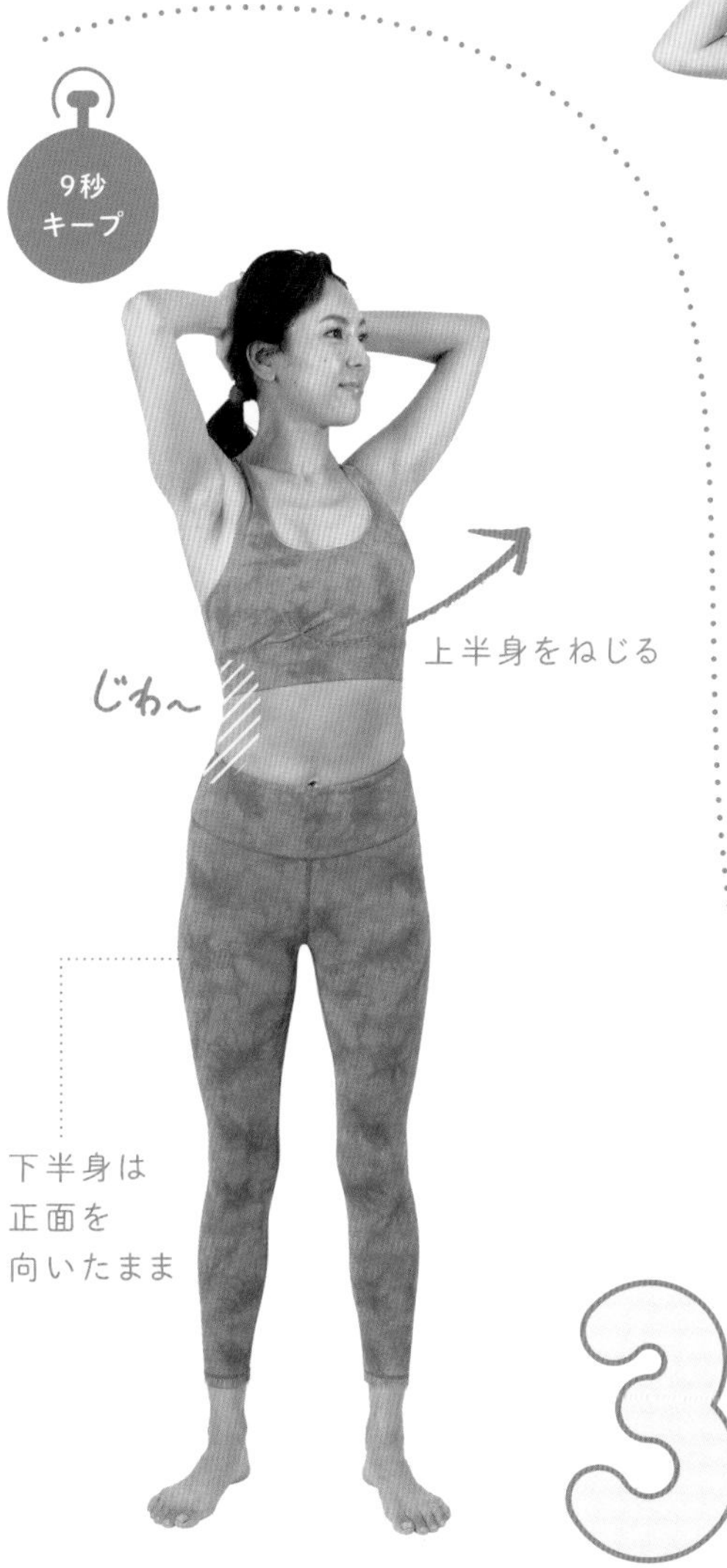
9秒
キープ
上半身をねじる
じわ〜
下半身は
正面を
向いたまま

3

頭の後ろで手を組んだまま、右ひじを後ろに引いて、9秒キープ。左も同様に行う。

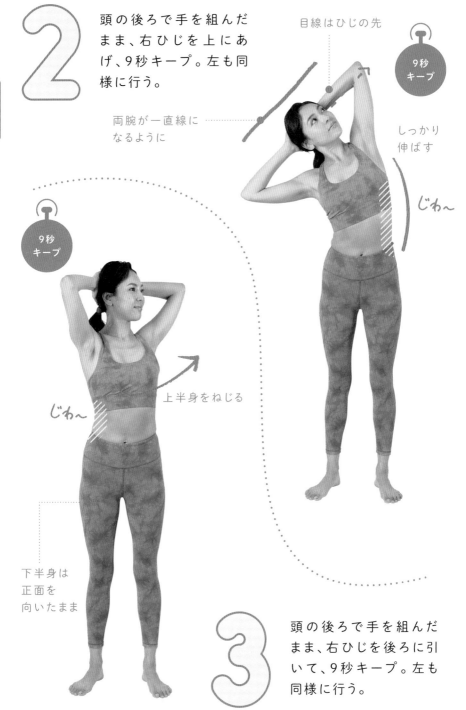

毎日行いたい エクササイズ 5

筋肉ほぐしマッサージ

こり固まった筋肉に効果的

筋肉をほぐすことで、こりや張りが解消され、ほっそりとした美脚を目指せます。

各9秒キープ

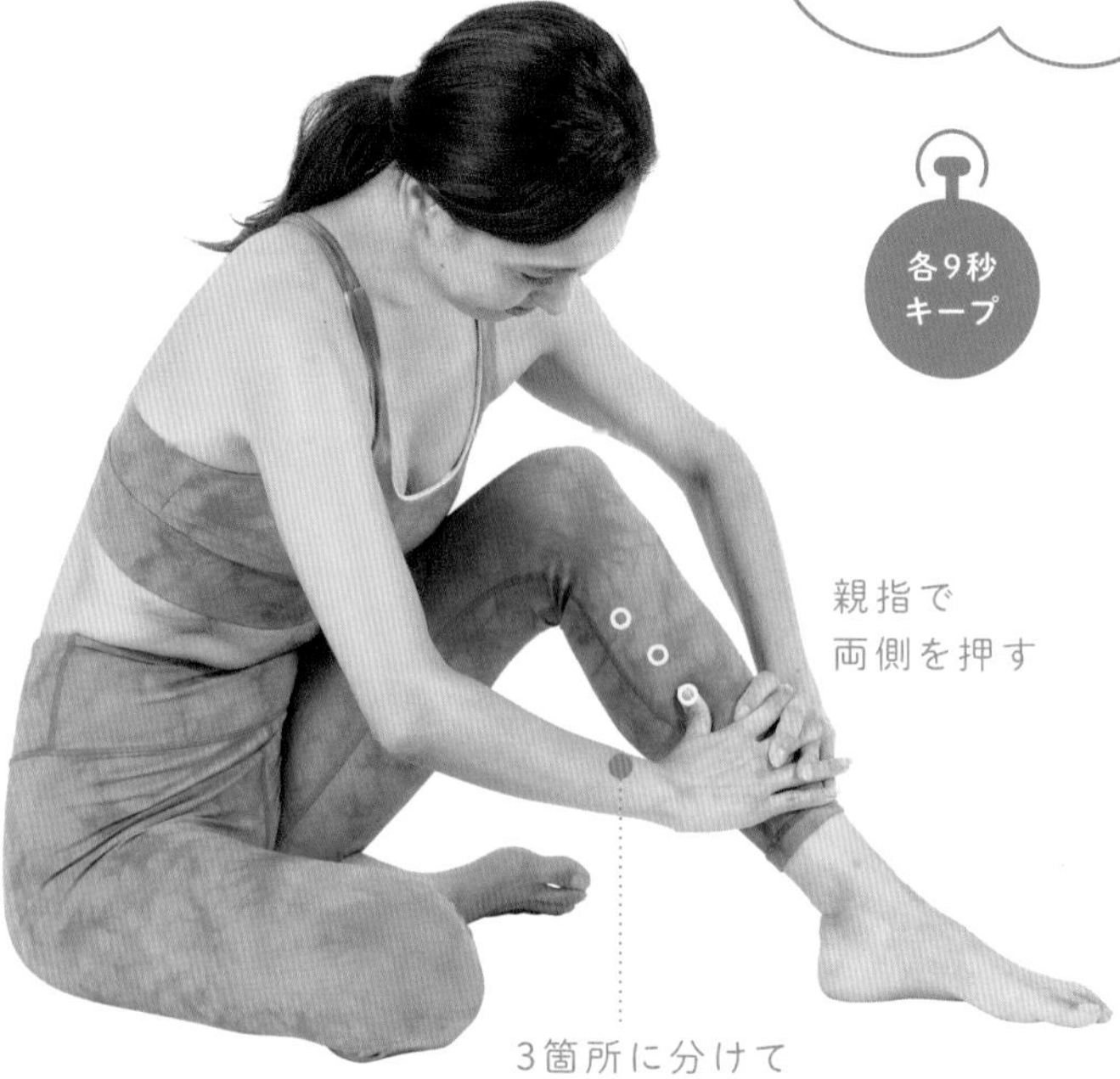
親指で両側を押す
3箇所に分けて押していく

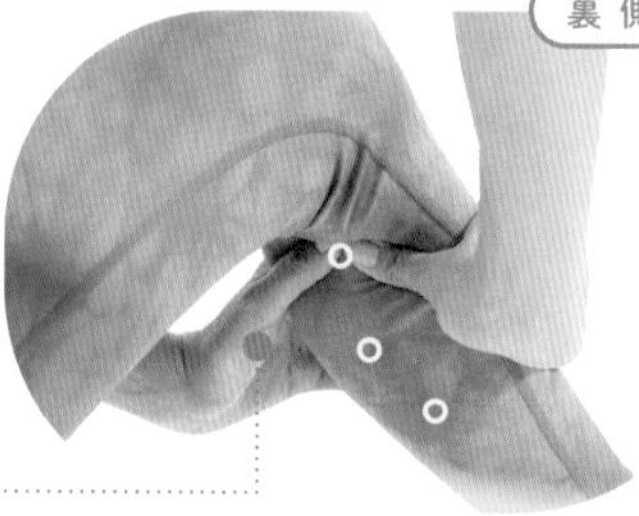
裏側
3箇所に分けて押していく

1

手の指を組み、すねを包むように両方の親指でふくらはぎの横をグッと押し、9秒キープ。さらにふくらはぎの裏を両手の親指で押し、9秒キープ。それぞれ3箇所を上から下に向かって押していく。反対の足も同様に行う。

目標秒数 各9秒キープ

2

仰向けになり、こぶしをおしりの下に入れる。息をしっかり吐きながら、体の力を抜き、こぶしに体重をかけて、9秒キープ。反対の足も同様に行う。

9秒
キープ

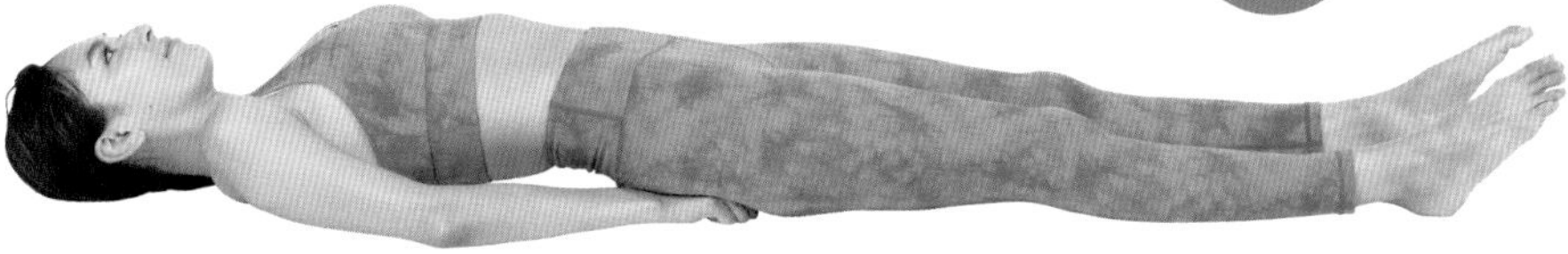

テニスボールで代用してもOK

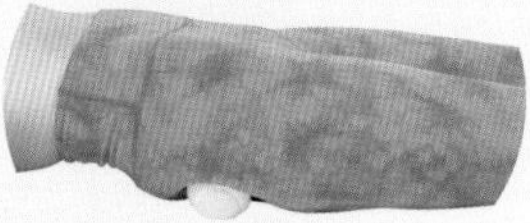

テニスボールがある人は
太もものマッサージも

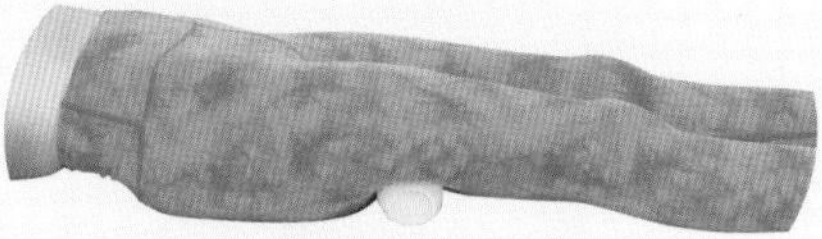

こぶしでは届きにくい太ももも、テニスボールを入れることでしっかりほぐせます。

POINT

太ももやおしりは筋肉が大きいため、ふくらはぎのように指で押しても、押し負けてしまいます。こぶしやボールなどを使い、しっかりと体重をかけてほぐしましょう。

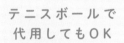

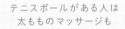

生理中
生理後〜排卵
排卵後〜生理前
のエクササイズ①

生理痛をやわらげるポーズ①

痛みがやわらぎ
気持ちも楽に

股関節をゆるめることで、血流がよくなり冷えからくる痛みやだるさをやわらげます。

目標秒数
9秒キープ

1

両足の足裏をつけて背筋を伸ばす。ひざは床につかなくてもOK。手はひざの上あたりに置き、リラックスする。

2

両手で足裏を包むように持ち、ゆっくり息を吐きながら、体を前に倒し9秒キープ。

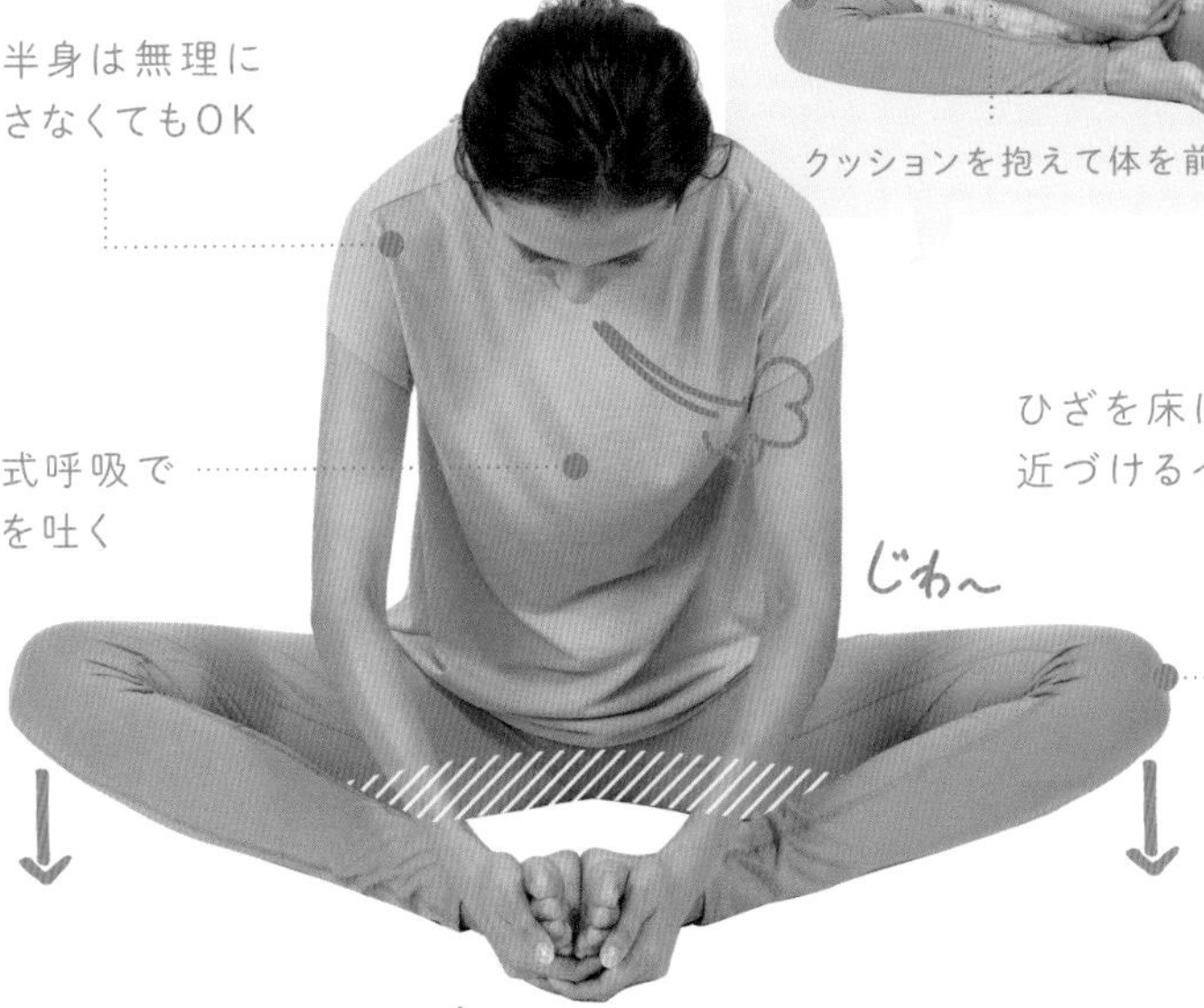
上半身は無理に倒さなくてもOK
腹式呼吸で息を吐く
ひざを床に近づけるイメージ
じわ〜

痛みがつらい人はこれでもOK!

足は軽く組む程度でOK
クッションを抱えて体を前に倒す

余裕がある人のチャレンジポーズ

乗せている側のおしりが伸びる
かかとをひざの上に乗せる
片側の足だけひざに乗せたあぐらの姿勢で2を行う

POINT

決して無理はせず、リラックスした状態で行うことが大切です。また、足あげなど、骨盤の位置が頭より高くなるようなストレッチやヨガは経血が逆流する可能性があるので、生理中は控えましょう。

生理中
生理後～排卵
排卵後～生理前
のエクササイズ②③

生理痛をやわらげるポーズ②

上半身と下半身をつなぐ腸腰筋を伸ばすことで骨盤まわりを温めます。

特に下半身のだる重さに効果的

左足を前に踏み出したポーズからスタート
ひざは曲げる
おしりをグッと入れる
じわ～
体を沈めるイメージ

1 右足のひざを床につけ、左足は前に踏み出し体を前に倒すように体重をかける。手のひらを左ひざに置き、上体を起こして9秒キープ。反対の足も同様に行う。

目標秒数
9秒キープ

生理中の腰痛にも効果的

腰の痛みをやわらげるポーズ

生理中の腰痛だけでなく、姿勢の悪さからくる腰痛にも効果的です。

左足の内ももに
右足をつけた
ポーズからスタート
かかとは蹴り出す

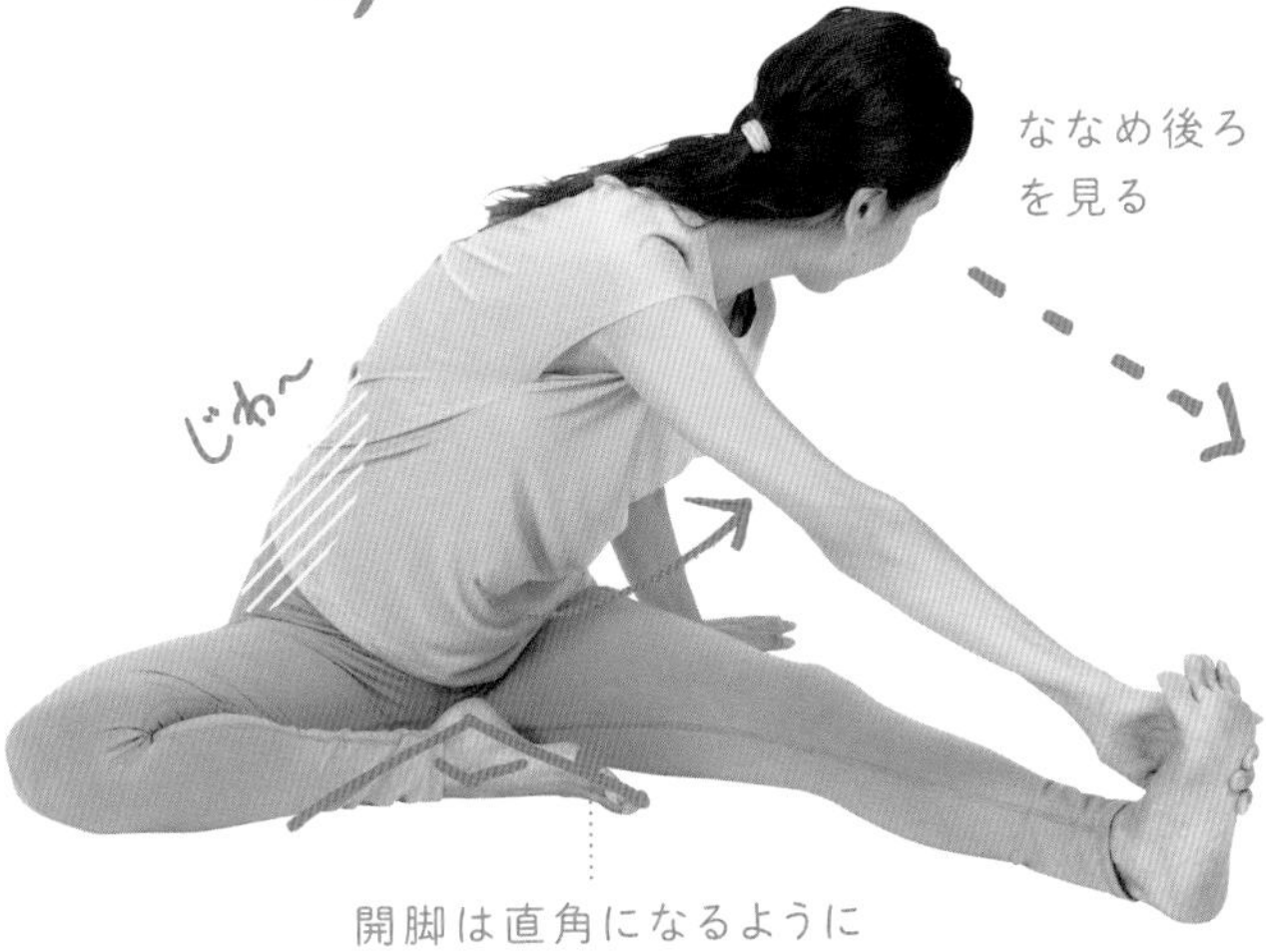
ななめ後ろ
を見る
じわ〜
開脚は直角になるように

1

左足はまっすぐ前に伸ばし、右の足裏を左の内ももにつける。右手で左足をつかみ、上半身を左側へねじり、そのまま9秒キープ。反対の足も同様に行う。

目標秒数
9秒キープ

前向きになれるポーズ

生理中の
落ち込みを
リフレッシュ

胸を大きく開くことで気持ちが前向きに。うれしい下半身やせの効果もあります。

目線はさげない
もも裏を伸ばす
ひざは曲げない

1

左足を大きく前に出す。右足は後ろにさげ、かかとをあげたままひざを伸ばす。手を腰に当て、骨盤が床と垂直になるよう意識しながら重心をさげる。

目標秒数
9秒
キープ

2

両手を上に伸ばして顔をあげる。胸を開き、体を後ろに反らして、9秒キープ。1に戻り、反対の足も同様に行う。

NG!
後ろ足の
ひざが曲がっている

目線は
上に
ひじは曲げない
しっかり
息を吸う
腕は耳の横
じわ～

つらい人は
これでも
OK!
ひざを
床につける

POINT

胸を開いて息をしっかり吸い込むことで、交感神経が優位になり、前向きな気持ちに。また、全身の血流を促して頭をスッキリさせる効果も期待できます。

内ももやせに効果的な

ワイドスクワット

生理中

生理後〜排卵

排卵後〜生理前

のエクササイズ①

足を広めに開いたワイドスクワットで、健康的なほっそり美脚を目指しましょう。

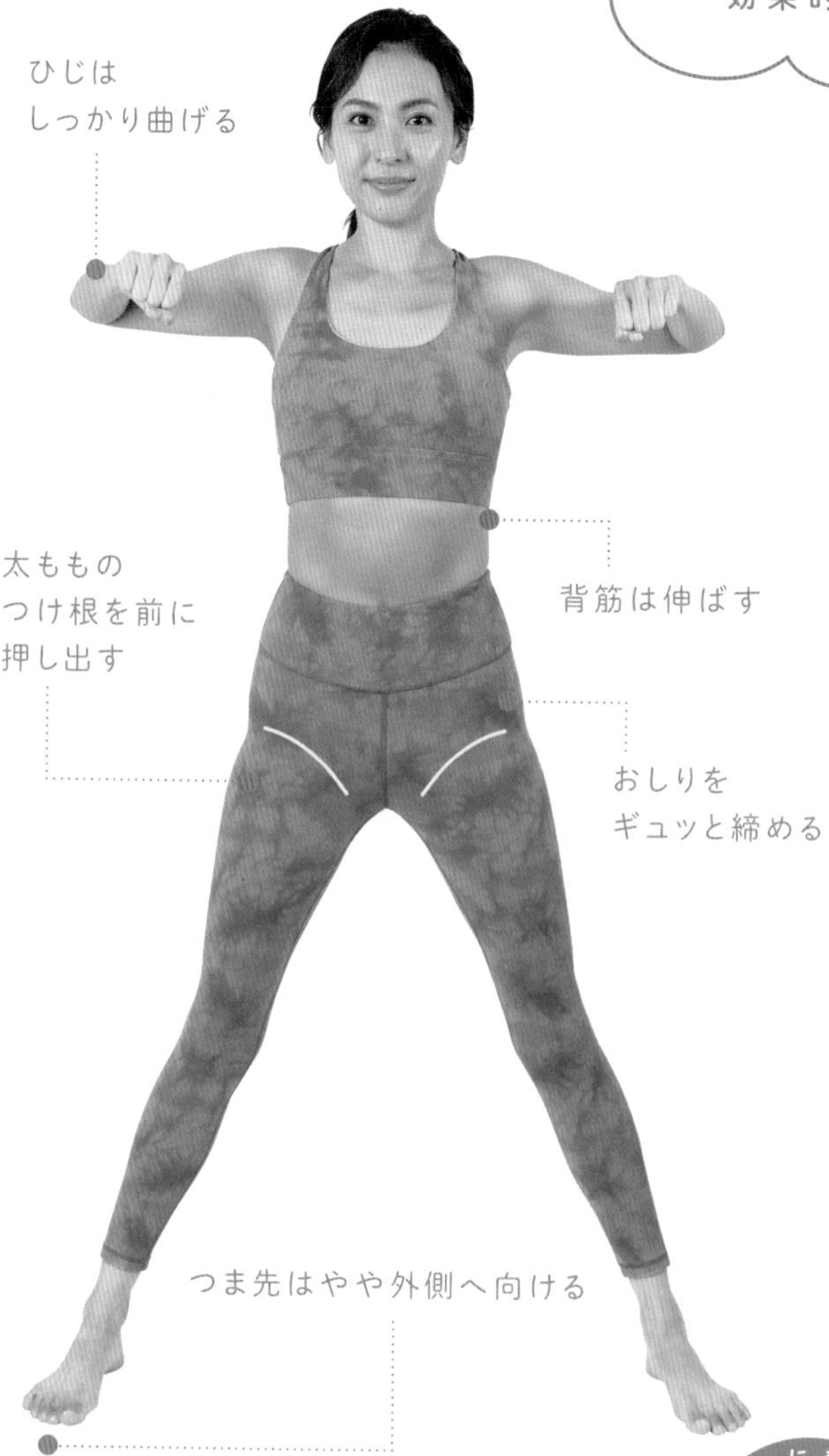
ひじはしっかり曲げる
太もものつけ根を前に押し出す
背筋は伸ばす
おしりをギュッと締める
つま先はやや外側へ向ける

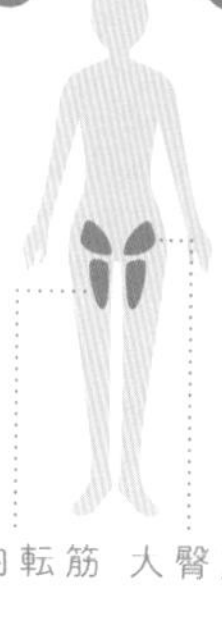
ここに効く！
内転筋
大臀筋

1

足は肩幅より広めに開く。にぎりこぶしをつくり、肩と平行になるように両ひじを曲げる。

目標回数
1セット
9回

2

手のひらを開きつつ腕を前に出しながら、腰をゆっくりおろして、9秒キープ。おしりに力を入れながら1に戻り、1と2を9回くり返す。

NG!

ひざが内側に入る

9秒
キープ
目線はさげない
腕はまっすぐ
伸ばす
おしりを後ろに
引くイメージ
床と平行になるく
らいまでおろす

POINT

1で息を吸い、2で息を吐きながら行うとより効果的です。腹式呼吸ができるとなおよいです(P.44参照)。特に2で息を止めてしまわないように注意しましょう。吐くことを意識すると呼吸がしやすくなります。

生理中｜生理後〜排卵｜排卵後〜生理前 のエクササイズ②

ぽっこりお腹に効果的な

レッグレイズ

お腹の前側にある腹直筋を鍛えてキュッと引き締まった美腹筋を手に入れましょう。

仰向けからスタート
手は腰の下に
つま先・ひざは曲げない
指を押しつぶす
床と垂直になるまであげる

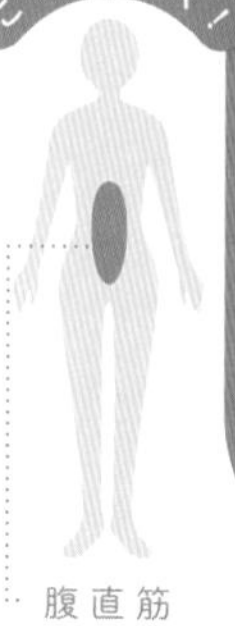
ここに効く!
腹直筋

目標秒数
9秒キープ

1

仰向けのまま手のひらを下にして腰の下に入れる。ひざとつま先を伸ばし、背骨で指を押しつぶすようにしながら両足を上にあげる。

2

両足をおしりの上まであげたら、つま先を伸ばしたまま
ゆっくりと下におろす。かかとが床につくまでの間で、
一番つらいと感じるところで止めて9秒キープ。

手の位置はここ
中指はくっつける
まっすぐ
下におろす
腰は浮かせない
一番つらい位置
でキープ

POINT

足をあげさげするときに腰が反ってしまうと腹筋に力が入らないだけでなく、腰を痛めます。足をあげるときだけでなく、さげるときも腰が手から浮いてしまわないように、しっかりと指を押しつぶすように意識しましょう。

生理中　生理後～排卵　排卵後～生理前　のエクササイズ③

美しいくびれをつくる

ツイストレッグレイズ

腹斜筋を鍛えることで、くびれができ女性らしいメリハリボディをつくります。

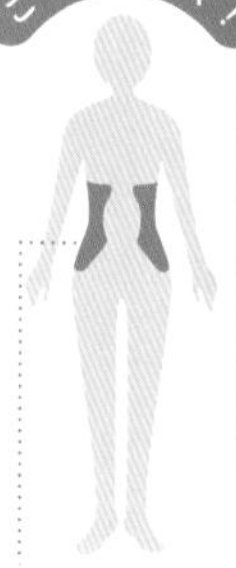

ここに効く！
腹斜筋

目標秒数
9秒キープ

手の位置はここ

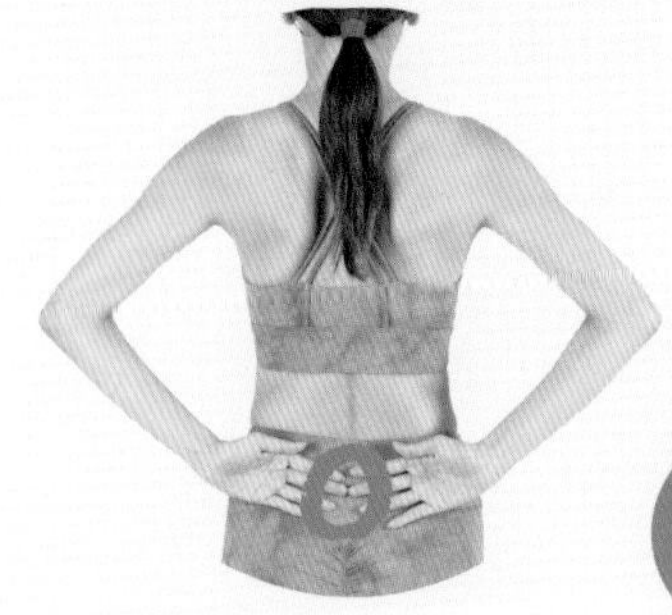

中指はくっつける

レッグレイズと同様

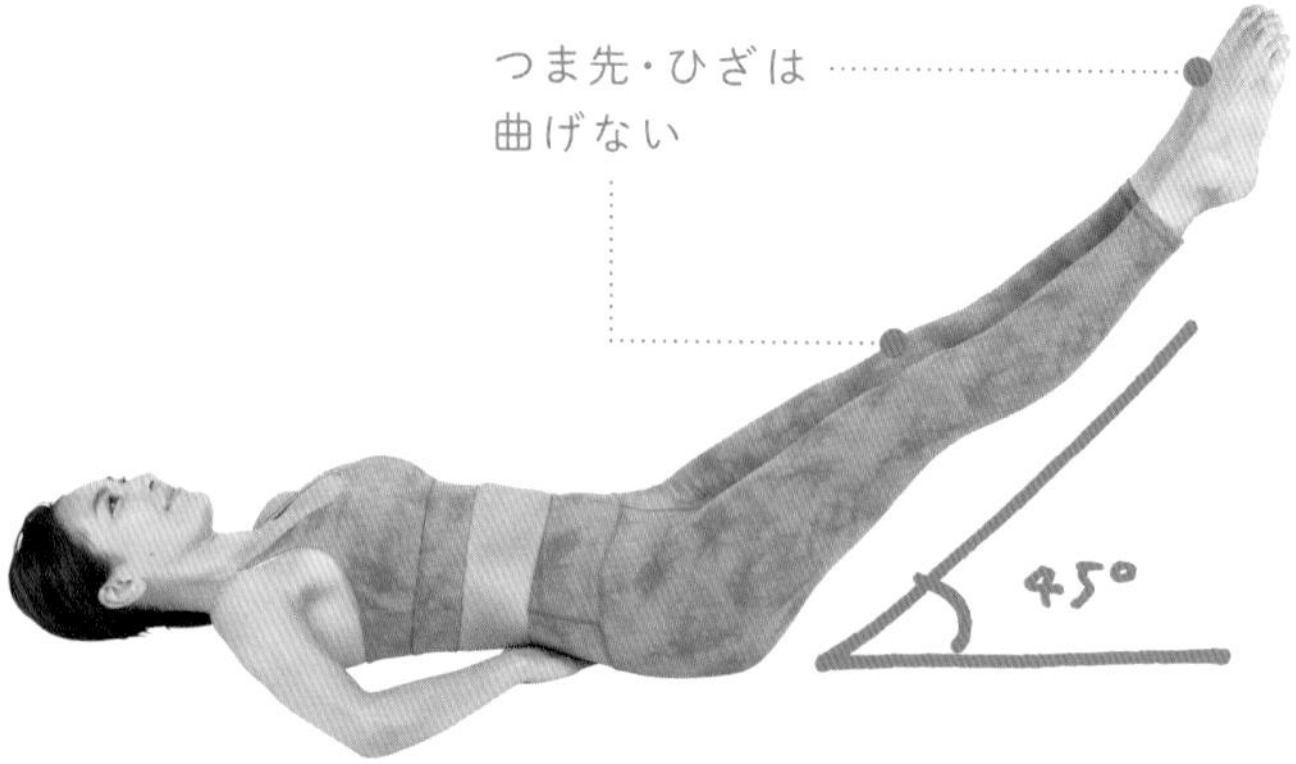

つま先・ひざは曲げない
45°

1

腰の下に手を入れ、仰向けになって足をあげる。床と45度程度の位置が目安。

2

両足を閉じたまま右側に倒し、同じく床から45度の場所で9秒キープ。1に戻り、反対側も同様に行う。

つらい人はこれでもOK!

角度を広くする

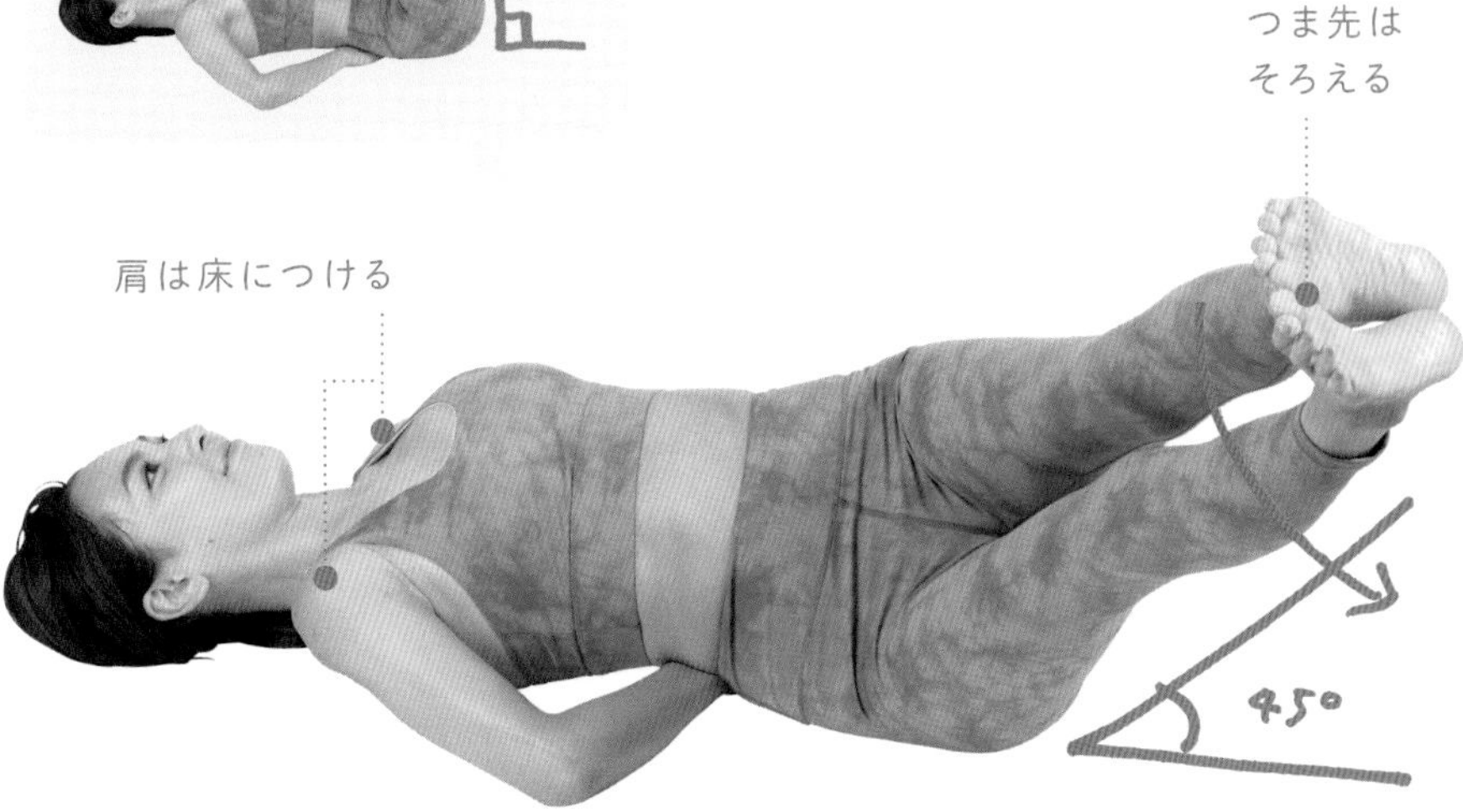
肩は床につける
つま先はそろえる
45°

余裕がある人のチャレンジポーズ

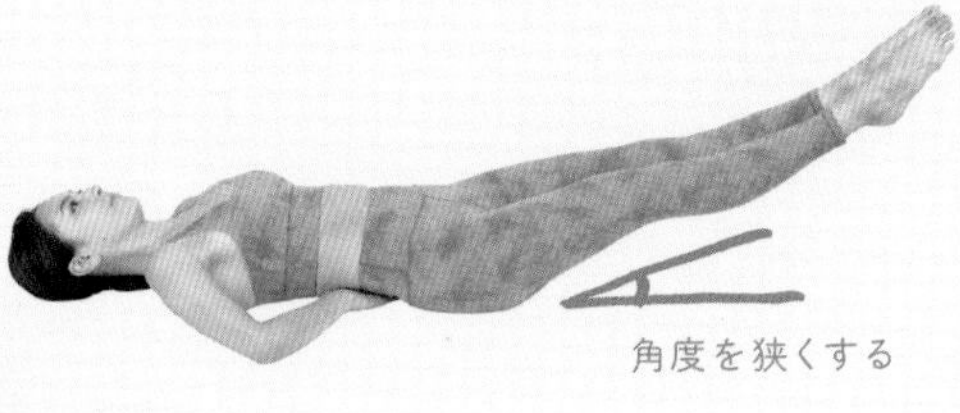
角度を狭くする

POINT

レッグレイズ同様、なるべく手と腰が離れないよう注意しましょう。難しい場合は、腰が反らないよう両肩だけでも床につけておくようにしてください。お腹の横にある腹斜筋に効いているかどうかをしっかり意識して行いましょう。

お腹の引き締め&
全身の体幹を
鍛える

プランク

生理中 | 生理後〜排卵 | 排卵後〜生理前 のエクササイズ④

インナーマッスルである腹横筋を鍛えるプランクは、姿勢改善にもつながります。

目標秒数
9秒キープ

Level 1

よつばいになり、
ひじから手のひらを床につける。肩からひざまでが一直線になるようにひざを曲げて、9秒キープ。

9秒キープ

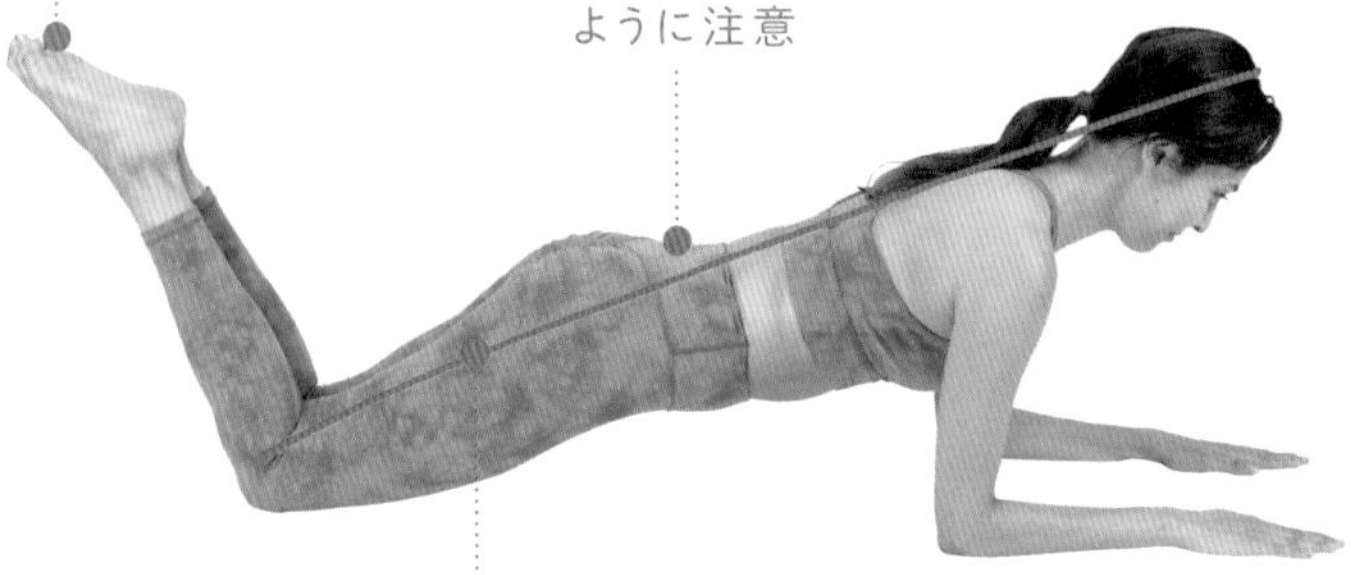

つま先はそろえる
腰が反らないように注意
一直線になるように

プランクははじめはできない人も多いトレーニングです。慣れないうちはLevel 1のトレーニングを行い、余裕が出てきたらLevel 2に挑戦してみましょう。

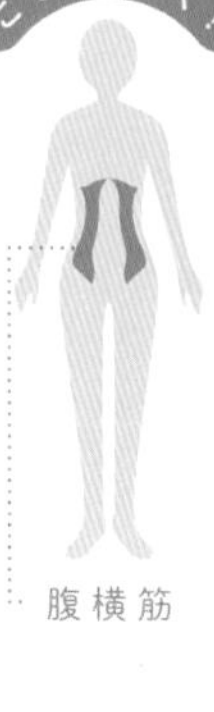

ここに効く!
腹横筋

Level 2

ひじは床につけたまま、ひざを伸ばし、つま先と腕で体を支える。そのまま9秒キープ。

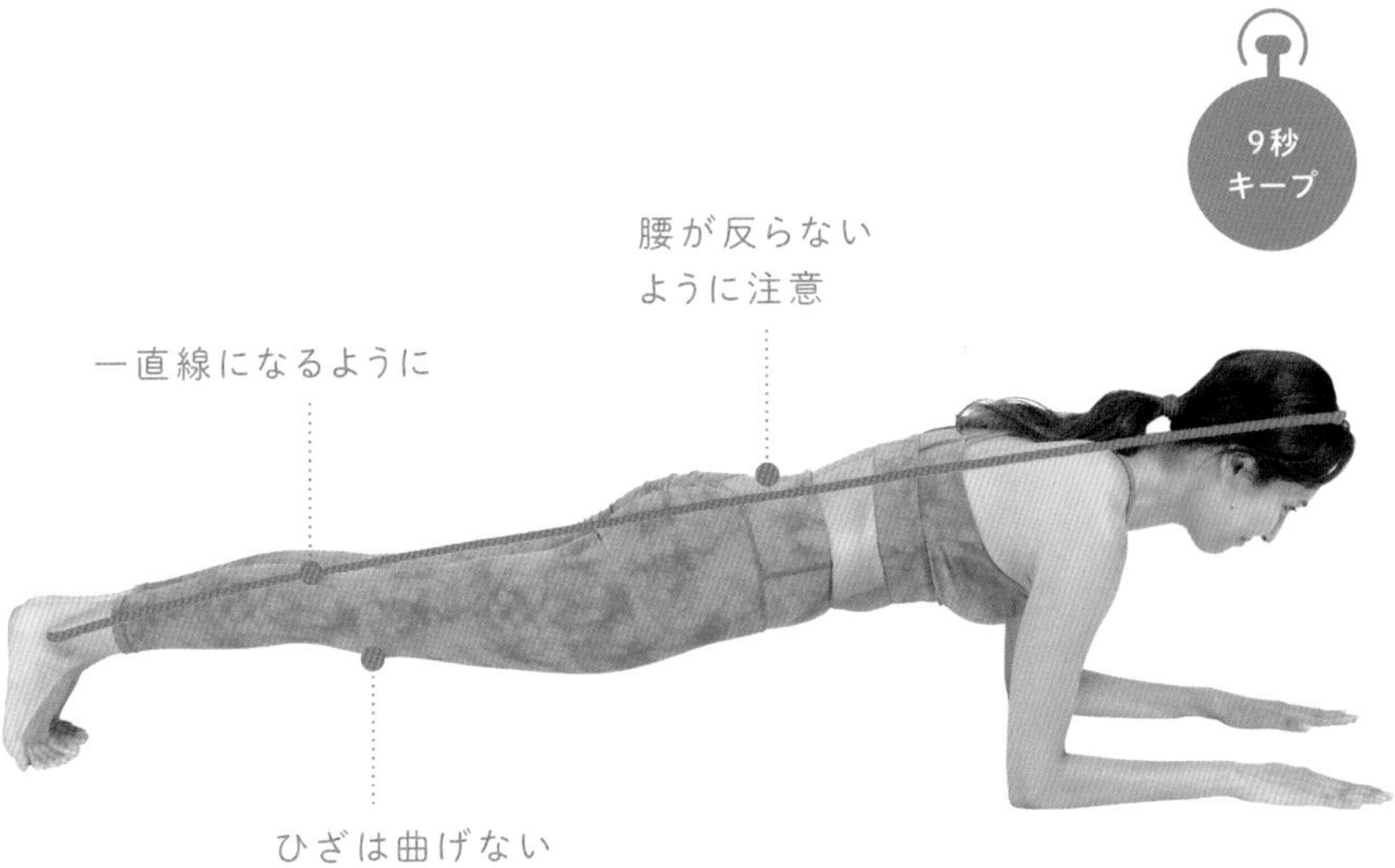

POINT

腹横筋はお腹の一番深くにある筋肉で、内臓を押さえ込むコルセットの役割をしています。この腹横筋が弱まると、ぽっこりお腹になってきます。プランクは腹横筋を鍛えるだけでなく、おしりや足先を意識することで全身の体幹を鍛えることができるので、自分のレベルに合わせて根気強く行っていきましょう。

二の腕を引き締め
美しいラインを
つくる

二の腕ねじり

二の腕をねじるエクササイズで上腕三頭筋にアプローチ。すらっと美しい腕を目指しましょう。

9秒
キープ

肩はなるべく
動かさない
背筋は伸ばす
ねじれるところ
までねじる

1

足は広く開き、両手は床と平行になるようにまっすぐ横に伸ばす。両手をそれぞれ時計回りにねじり、9秒キープ。ねじりを変えて反対側も同様に行う。

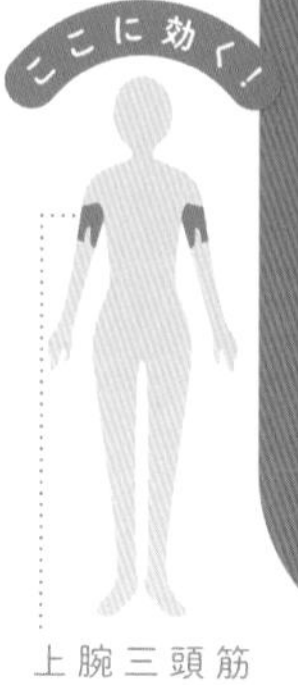
ここに効く！
上腕三頭筋

目標秒数
各9秒
キープ

2

右腕をななめ上にあげ、左手をななめ下にさげる。両手をそれぞれ時計回りにねじり、9秒キープ。ねじりを変えて再び9秒キープ。さらにあげさげの腕を変えて同様に行う。

POINT

力こぶの裏に位置する上腕三頭筋は、腕の筋肉の約3分の2を占める重要な筋肉です。力こぶにあたる上腕二頭筋より目立たず、日常でもなかなか使わない筋肉ですが、二の腕の細さに直結するので、しっかりと筋トレで刺激しましょう。

生理中　生理後～排卵　排卵後～生理前　のエクササイズ⑥

ふくらはぎやせに効果的な

カーフレイズ

腓腹筋とヒラメ筋を鍛えることで、キュッと引き締まった女性らしい足のラインを目指せます。

このポーズからスタート

90度に開く

1

つま先は開き、かかとをつけてまっすぐに立つ。人差し指と中指を股関節のつけ根に沿わせるように置き、下半身の重心を下にさげるようにひざを曲げる。

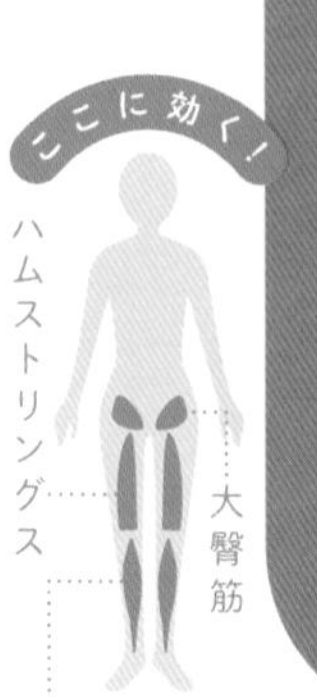
ここに効く！
ハムストリングス
大臀筋
ヒラメ筋・腓腹筋

目標秒数
9秒キープ

2

股関節に置いた指で太ももを押しながら、体を前に出すようにかかとをあげて体を上に持ちあげ、つま先立ちでまっすぐに立つ。そのまま9秒キープ。

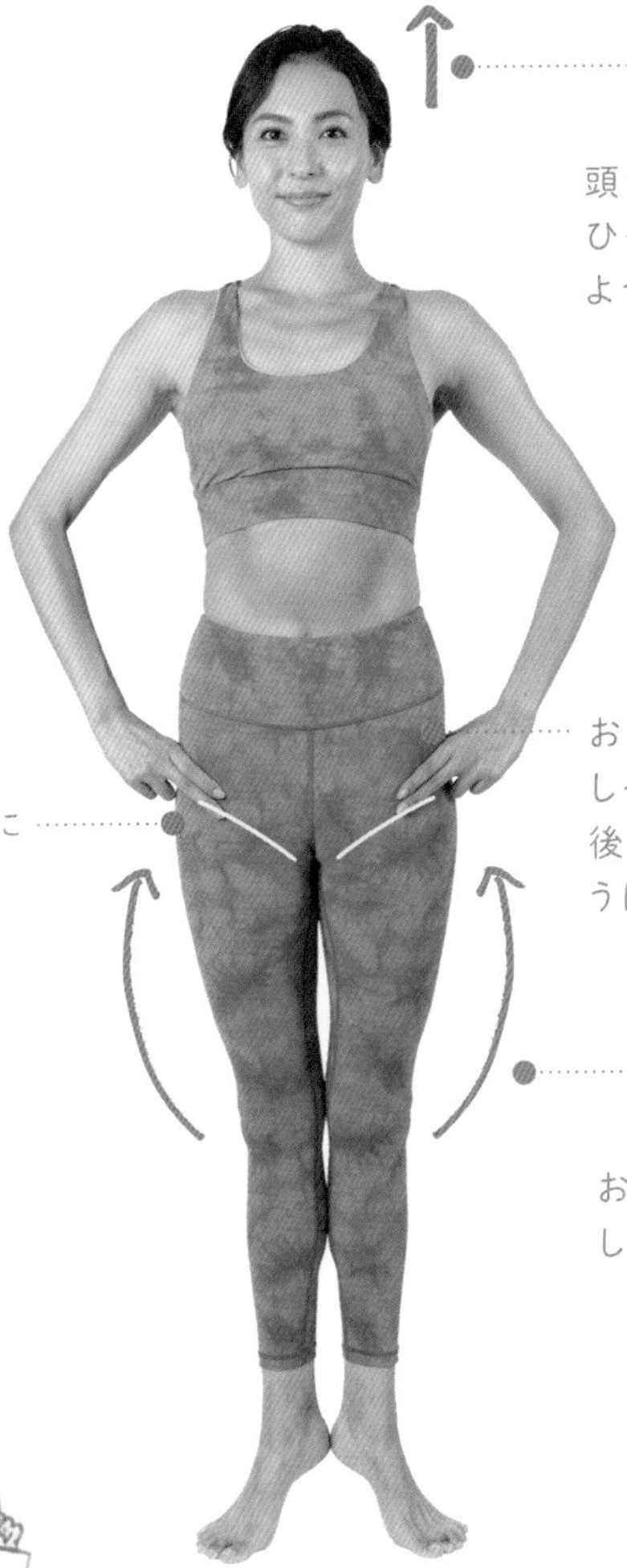
頭から糸で
ひっぱられている
ようなイメージで
太ももの
つけ根を前に
押し出す
おしりは
しっかり締める
後ろに出ないように注意
おしりと太ももを
しっかりと引きあげる

POINT

ふくらはぎの筋肉である腓腹筋とヒラメ筋を鍛えることで、キュッと引き締まった美しい足が目指せます。また、ふくらはぎの筋肉は下半身の血液を巡らせるポンプの役割もあるので、動かすたびに血の巡りがよくなり、むくみや冷えの改善にもつながります。

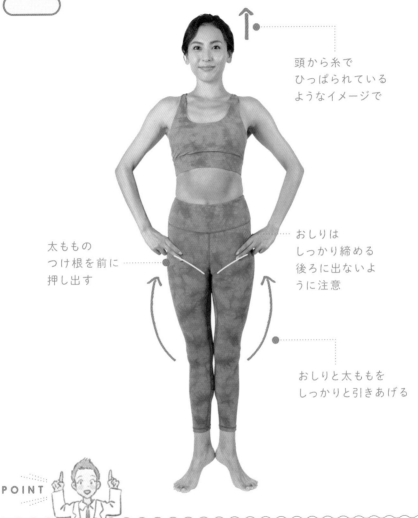

生理前の便秘時に行いたい

便秘を解消するポーズ

水分や老廃物を溜め込みがちな生理前は便秘・むくみを解消するポーズで快適に。

伸ばす
じわ〜
一番くびれている
部分をグッと
押し込む

1

右のウエスト部分をこぶしで押さえる。左手を高くあげ、こぶしに体重をかけるように上半身を右側に傾けながら、9秒キープ。反対も同様に行う。

目標秒数
9秒キープ

がんこな便秘にガス抜きのポーズ

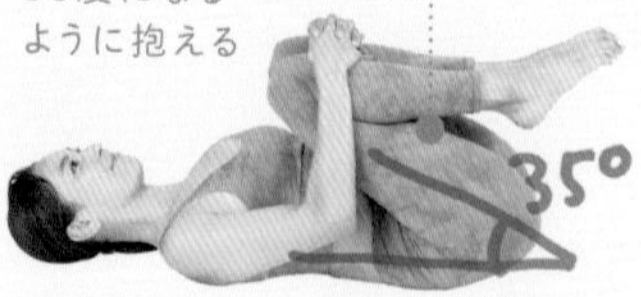
35度になる
ように抱える
35°

仰向けになり、ひざを抱え、腹式呼吸を行う。好きなだけ続けてOK。

POINT

35度になるようにひざを抱えることで、直腸肛門角がまっすぐになり、便もガスも出やすくなります。

むくみを解消するポーズ

溜まった老廃物を出そう!

血行をよくしてむくみをとりのぞきます。冷え性の方にもおすすめのポーズです。

おしりの上に頭がくるように
背筋と足を伸ばしたポーズからスタート
つま先は上に

つま先はあげたまま
じわ〜
ひざは曲がってもOK
背筋を伸ばし、上半身は動かさない

1 頭がおしりの上にくるように背筋を伸ばしたまま、足を伸ばして座る。左手で右の足首を持ち、上に持ちあげる。体をねじるように右手を体のななめ後ろに置き、顔を右側に向けて、9秒キープ。反対も同様に行う。

目標秒数
9秒キープ

生理中｜生理後〜排卵｜排卵後〜生理前のエクササイズ③

PMSにも効果的な

モヤモヤを晴らすポーズ

背中まわりの緊張をほぐすことで、リラックス効果が高まります。

目標秒数
各9秒キープ

このポーズからスタート

ひじと手のひらは床につける

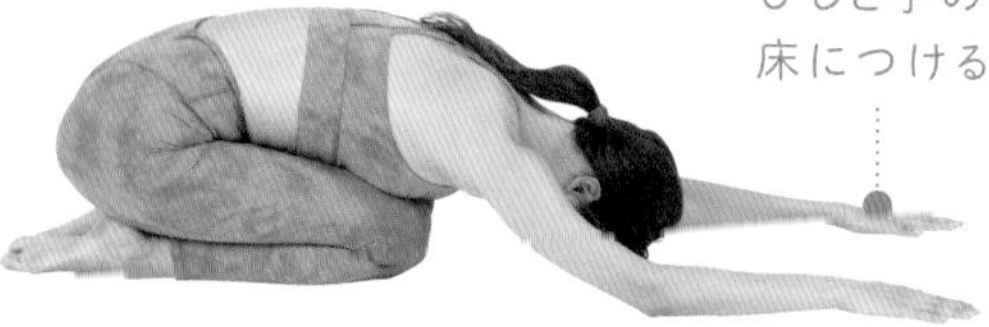

あがるところまであげる

腕を伸ばしたままゆっくり左右に振る

じわ〜

けんこう骨を寄せる

かかとにおしりを乗せる

9秒キープ

1

正座から上半身を前に倒し、おでこを床につけて脱力。腕を後ろで組み、ひじを伸ばしたまま上にあげ、9秒キープ。ゆっくり腕を左右に9回振る。

2

手を頭の前に置き、体を支えながら上体を起こし、足を肩幅に開いてよつばいになる。そこからおしりを持ちあげてひざ裏を伸ばし、9秒キープ。

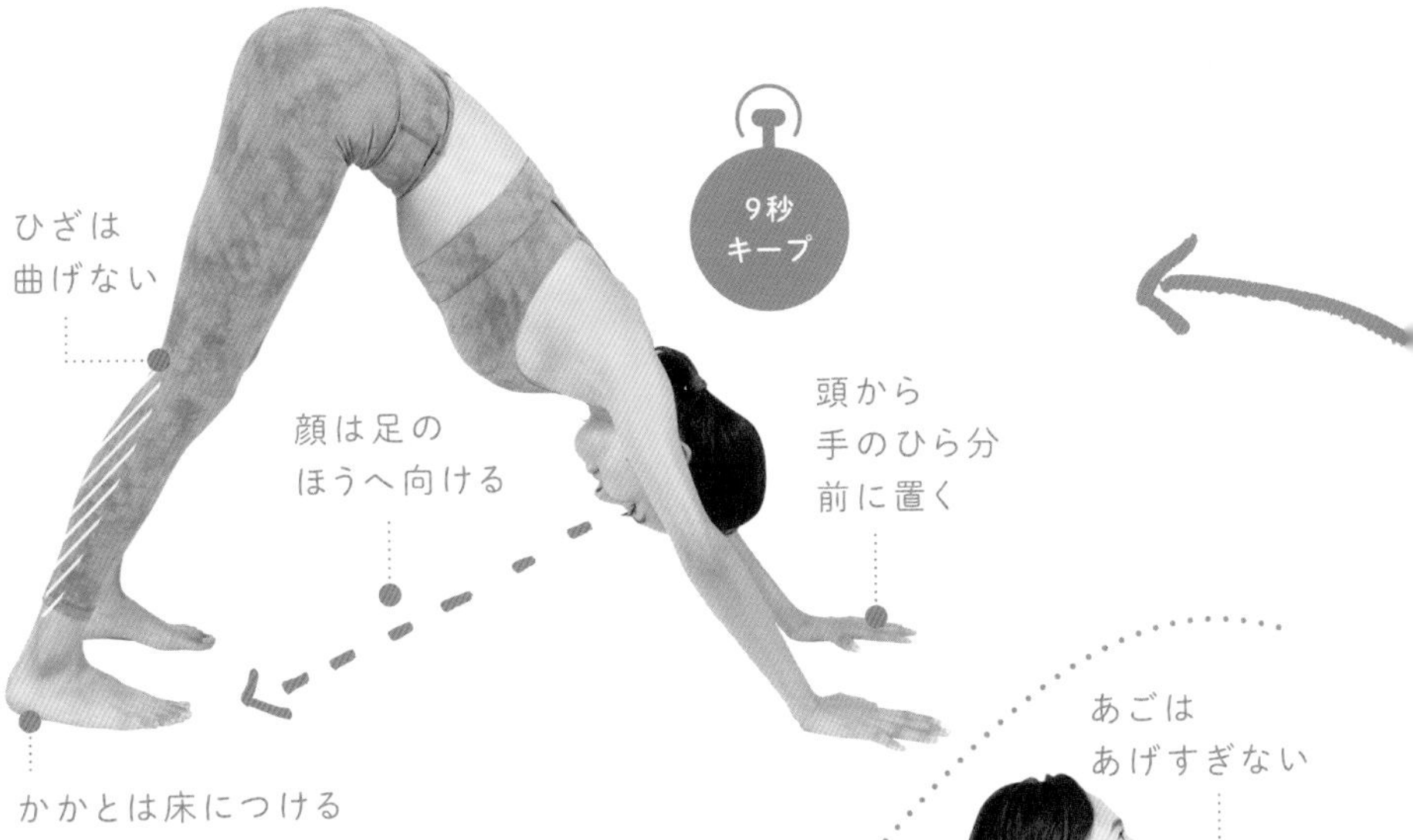
9秒
キープ
ひざは
曲げない
顔は足の
ほうへ向ける
頭から
手のひら分
前に置く
かかとは床につける

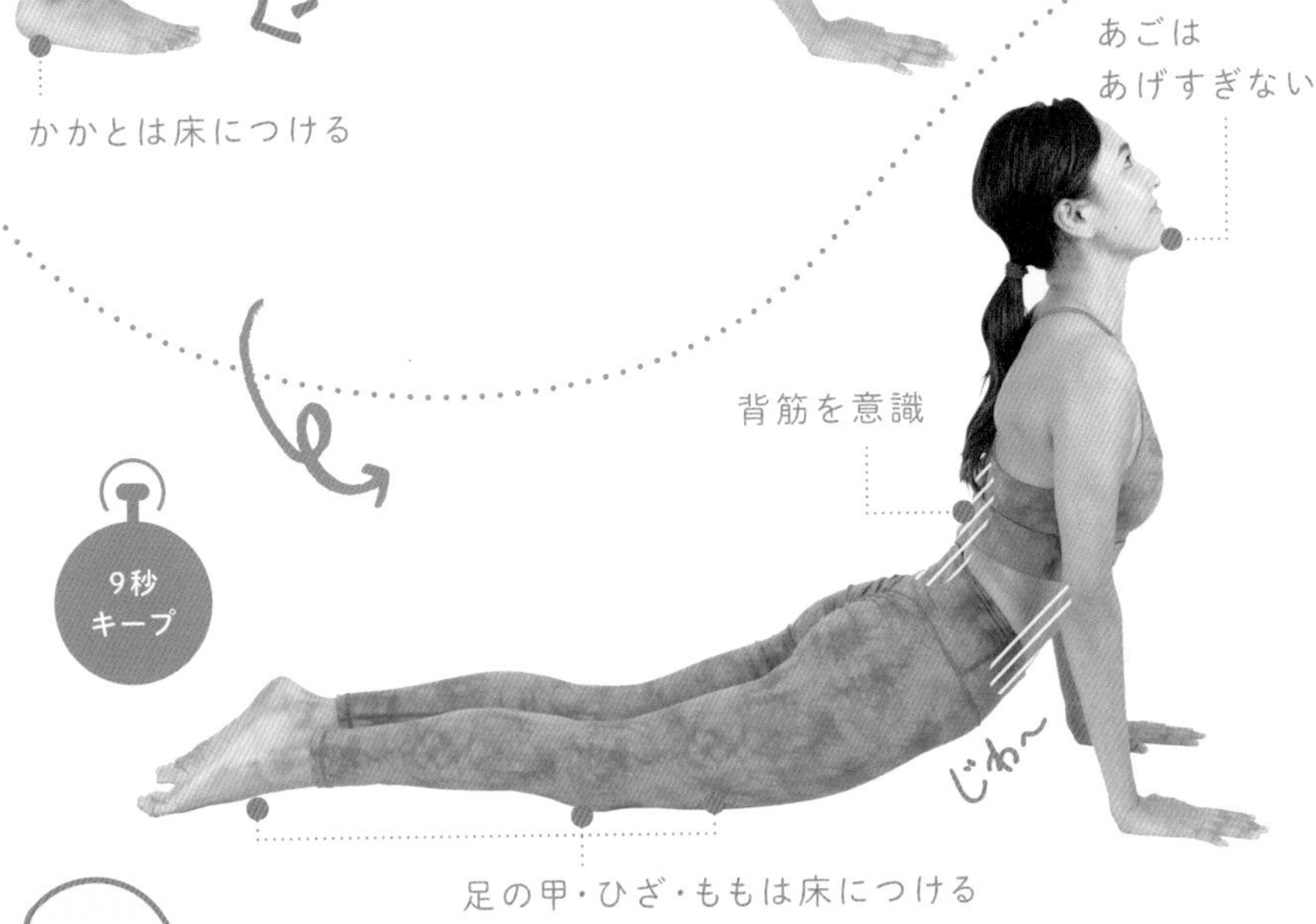
あごは
あげすぎない
背筋を意識
9秒
キープ
じわ〜
足の甲・ひざ・ももは床につける

3

床にひざをつき、両足を後ろに伸ばす。手で体を支えながら上体を反らし、顔をあげて、9秒キープ。

生理中／生理後〜排卵／排卵後〜生理前のエクササイズ④

プロゲステロンにより散漫になりがちな

集中力を高めるポーズ

背中を伸ばしながらバランスキープの姿勢をとることで集中力が高まります。

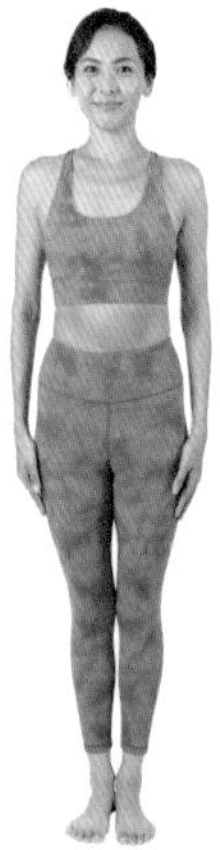
まっすぐ立ったポーズからスタート

腹式呼吸を意識
両肩は平行になるように
ひざは横向きになるように
9秒キープ

両腕と右足を開く
床と平行になるように

1 背筋を伸ばしながら胸の前で手を合わせる。右足の裏を左足の太ももに当て、9秒キープ。両手を真横に開き、右足を太ももから離す。

目標秒数
各**9**秒キープ

2

右手が上にくるように両手を体の前でクロスし、右足を左足にかける。腕をクロスしたまま、ひじを曲げて腕を絡ませて両手のひらを合わせる。右足の先も左足に絡ませて、9秒キープ。1に戻り、反対も同様に行う。

9秒
キープ
手を見る
手のひらを
くっつける
ひじは
90度に曲げる
左ひざは
曲げる
軸足に
巻きつける
両腕をクロスし
足を絡ませる
左ひざは
曲がっても
よい
ひざを
かける
イメージ

正しい有酸素運動で効率よく脂肪を燃やそう

有酸素運動といっても、行う運動によって脂肪燃焼の度合いはさまざま。自分にあった有酸素運動を無理のない範囲でとりいれて、続けていくことが重要です。

ウォーキング

POINT

- 少し息がはずみ、汗ばむくらいの速さで
- 胸を開き、背筋をピンと伸ばしながら歩く
- かかとから着地し、つま先で地面を蹴り出す

ウォーキングはランニングに比べて、体への負担が軽い有酸素運動です。エネルギー消費量はそこまで多くありませんが、日常的にとりいれやすいので、普段から運動習慣がない人はウォーキングからはじめるとよいでしょう。歩きやすいお気に入りのシューズを探してみてください。

目標時間

20分

ランキング

ランニングは下半身の筋肉を刺激するため、筋力アップ・基礎代謝アップの効果も見込めます。はじめから10分間走り続けることが難しい人は、ウォーキングを挟みながら無理のないペースで続けていきましょう。

POINT

目標時間 **10**分

- ゼイゼイしたり、立ち止まったりせず
  気持ちよく走れるくらいのスピードで
- ラスト数分は少しずつ速度を落としてからやめる
- 視線は2〜3m先に向けておく

なわとび

なわとびは有酸素運動のなかでもエネルギー消費量が多く、ウォーキングやランニングよりも高い脂肪燃焼効果が期待できます。また、全身運動であるため、体幹が鍛えられるとともに下半身の筋力アップにもつながります。

POINT

目標時間 **5**分

- 1分間で60回を目指そう
- 前とび、かけ足とびを中心に
- ひじは体に引き寄せて手首を回すイメージでとぶ
- なるべく芝生などの足腰に負担がかかりにくい地面の上で行う

Extra!

日常の動作にちょこっとプラスエクササイズ

運動をする時間がなかなかとれない……という方は、日常の動作に+αを付け加えましょう。たった少しの違いでも、長く続けていくことで体型は大きく変わってきます。

インターバル速歩

インターバル速歩とは、早歩きとゆっくり歩きを交互にくり返すウォーキング法です。通常のウォーキングよりも筋力・持久力アップが見込めるので、通勤時など日常的に歩く機会にとりいれてもよいでしょう。

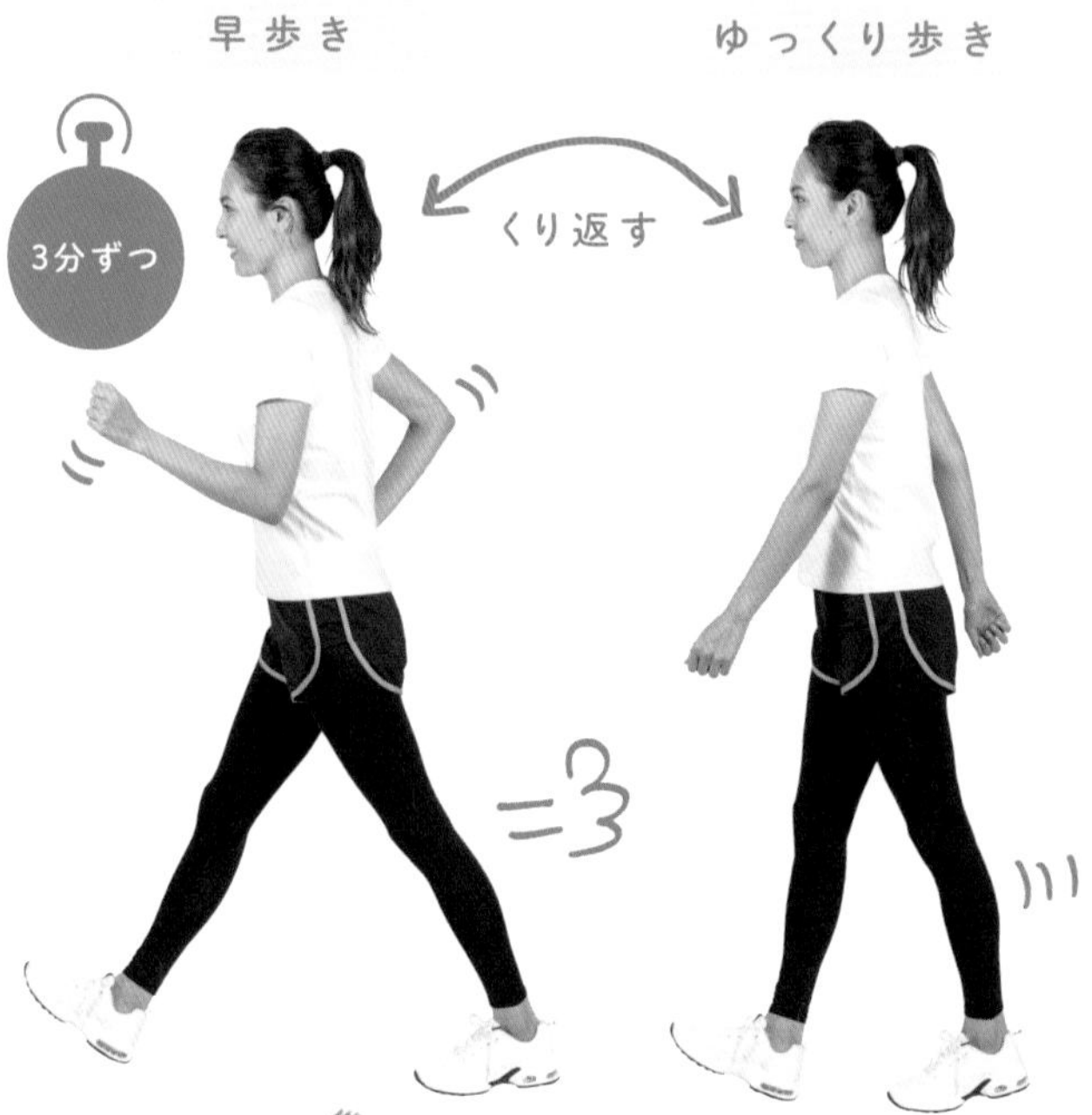

早歩き	ゆっくり歩き
いつもよりややきついと感じるスピードで	しゃべりながら歩いたり立ち止まってもOK
歩幅は大きく	いつもの歩幅で

目標時間 **20**分

階段ダイエット

階段ダイエットとは、エスカレーターやエレベーターを使わず階段を使うことで脂肪燃焼を狙う有酸素運動です。おしりの筋肉や足の筋肉が刺激されるため、下半身やせにつながるほか、むくみや冷え防止にも効果的です。

POINT

まずは5分からスタート
目標時間
5~10分

- エスカレーターやエレベーターではなく、階段を使うようにする
- 目線をあげて背筋を伸ばす
- 慣れないうちは、1階分からはじめる
- なるべくゆっくりしたスピードで行う

有酸素運動とは?

有酸素運動とは、体を動かすエネルギーに酸素を使う運動を言います。体を動かすエネルギーのもとは脂肪なので、有酸素運動を続けるほど脂肪が燃焼するといったしくみです。一方、筋トレのような無酸素運動はエネルギーに酸素を必要としないため、無酸素運動そのものには脂肪燃焼の働きはありません。

ほかにもある!
おすすめの
有酸素運動一覧

- サイクリング
- 水泳
- 水中ウォーキング
- エアロビクス
- ヨガ
- フラフープ
- ダンス

1か月のおすすめエクササイズダイアリー

1か月のおすすめエクササイズをまとめました。これを参考にしつつ、自分の体調や生活と相談しながら、自分にとって最適なエクササイズを無理のない範囲で行いましょう。

<table>
<tr><th>1</th><th>2</th><th>3</th><th>4</th><th>5</th><th>6</th><th>7</th></tr>
<tr><td colspan="4">生理</td><td colspan="2">股関節ストレッチ</td><td></td></tr>
<tr><td rowspan="2">腰の痛みをやわらげるポーズ</td><td rowspan="2">前向きになれるポーズ</td><td colspan="2">腹式呼吸</td><td colspan="2">レッグレイズ</td><td>筋肉ほぐしマッサージ</td></tr>
<tr><td colspan="2">ワイドスクワット</td><td colspan="2">ツイストレッグレイズ</td><td>プランク</td></tr>
</table>

<table>
<tr><th>8</th><th>9</th><th>10</th><th>11</th><th>12</th><th>13</th><th>14</th></tr>
<tr><td>ひざ倒しストレッチ</td><td colspan="2">背中をツイスト</td><td></td><td colspan="2">ウォーキング</td><td></td></tr>
<tr><td>プランク</td><td>二の腕ねじり</td><td colspan="2">股関節ストレッチ</td><td colspan="2">筋肉ほぐしマッサージ</td><td>なわとび</td></tr>
<tr><td colspan="2">カーフレイズ</td><td colspan="2">レッグレイズ</td><td colspan="2">ひざ倒しストレッチ</td><td>背中をツイスト</td></tr>
</table>

<table>
<tr><th>15</th><th>16</th><th>17</th><th>18</th><th>19</th><th>20</th><th>21</th></tr>
<tr><td></td><td>休</td><td colspan="2">ウォーキング</td><td colspan="2" rowspan="2">モヤモヤを晴らすポーズ</td><td rowspan="2">集中力を高めるポーズ</td></tr>
<tr><td>ランニング</td><td colspan="2">ひざ倒しストレッチ</td><td></td></tr>
<tr><td>筋肉ほぐしマッサージ</td><td colspan="2">股関節ストレッチ</td><td colspan="2">筋肉ほぐしマッサージ</td><td colspan="2">背中をツイスト</td></tr>
</table>

<table>
<tr><th>22</th><th>23</th><th>24</th><th>25</th><th>26</th><th>27</th><th>28</th></tr>
<tr><td>なわとび</td><td colspan="2">むくみを解消するポーズ</td><td>集中力を高めるポーズ</td><td colspan="3">生理</td></tr>
<tr><td>筋肉ほぐしマッサージ</td><td colspan="2">便秘を解消するポーズ</td><td>ひざ倒しストレッチ</td><td>休</td><td>休</td><td>生理痛をやわらげるポーズ</td></tr>
</table>

Part 3

Meal & female hormone

健康で美しい体をつくる

～食事編～

ダイエットだけでなく健康にも大切な食事。「減らす」ダイエットではなく「プラスする」ダイエットで無理なく体をつくりましょう。

美しい体をつくるのにかかせない食事とは？

引き締めボディは食事でつくられる！

　やせたいなら食事制限をしなければ！と考えてしまいがちですが、むやみな食事制限はリバウンドしやすく、女性ホルモンも乱してしまいます。ぜひとも避けましょう。とはいえ、食事が私たちの体づくりに直結するのも事実。特に女性は生理周期によってとりいれるべき栄養素が違ってきます。

　フェムテックダイエットでは、朝食を抜いたり、糖質を抜いたり、一定の栄養素を減らしたりはしません。ここでのルールは、「減らす」ことではなく、生理周期に合わせて、体に必要な栄養を選んで「プラスする」ことです。そのためにも、まずは体に必要な栄養をきちんと知り、バランスのよい食事を心がけましょう。それこそが効率よく体を引き締める一番の近道になります。

アラサーなら必ず知っておきたい！ 健康な体をつくる栄養素

五大栄養素をとろう

私たちの体は、筋肉、脂肪、骨などで構成されています。そして、それらをつくっているのが栄養素です。体に必要不可欠な栄養素（五大栄養素）は、炭水化物・脂質・タンパク質・ビタミン・ミネラルの5つ。この、五大栄養素をバランスよくとることで、人は健康な体を保つことができるのです。

五大栄養素の働き

五大栄養素の働きをわかりやすく車にたとえて見ていきましょう。

エネルギーになる（ガソリン）

炭水化物・脂質・タンパク質

炭水化物のなかの糖質と、タンパク質は1gあたり4kcal、脂質は1gあたり9kcalのエネルギーになります。タンパク質はエネルギーだけでなく、体の構成にもかかせない栄養素です。

体の調子を整える（オイル）

ビタミン・ミネラル

ビタミン・ミネラルはタンパク質、脂質、糖質の合成をサポートし、血管や皮膚、粘膜など体のさまざまな機能の健康維持を促します。ビタミン・ミネラルともに体内ではほとんど合成されないため、食材で補いましょう。

体をつくる（車のボディ）

タンパク質・ミネラル

タンパク質は筋肉、内臓、皮膚、血液など体を構成する主要な成分、ミネラルは歯や骨などの構成成分です。タンパク質のもととなるアミノ酸のうち必須アミノ酸は体内で合成できないため、ミネラルとともに食事で補う必要があります。

20〜30代の女性は深刻な栄養不足に！

現代女性の食事が女性ホルモンを乱している！

20〜30代女性のタンパク質、カルシウム、鉄分、ビタミンD不足が深刻化しています。仕事が忙しくてきちんと食事がとれていない、ダイエットの日常化などが主な理由です。これを読んでいる人のなかにも、朝食は抜いている、夕食はパスタや果物でおしまい、などという人も多いのではないでしょうか。そして、そんな人に限って、やせない、冷えや便秘、生理痛などの悩みを抱えていたります。

何度も言いますが、栄養バランスの悪い食事や間違った食事制限は、ダイエット効果が低いうえに、女性ホルモンを乱して、心身の不調をまねいてしまいます。必要な栄養をきちんと摂取し、女性ホルモンの周期に合わせて脂肪燃焼していくことが大切です。

栄養バランスの悪い食事や間違った食事制限に注意

間違った食事制限をしていると、やせないどころか健康を損なう危険があります。栄養素はひとつでも欠けてしまうと意味がありません。

NGなダイエット方法

- 朝食抜きダイエット
- サラダ置き換えダイエット
- 夕飯は食べないorフルーツオンリー

↓

栄養不足

↓

女性ホルモンバランスの乱れ

いますぐ止めよう！ その食生活が栄養不足をまねいている！

朝食を抜いている

! エネルギー不足

朝食抜き=エネルギーがない状態で無理やり動いている状態です。集中力も低下し、仕事の効率もダウンします。炭水化物・脂質・タンパク質をバランスよくとりましょう。

サラダが主食

! タンパク質不足

サラダは一部のビタミン、ミネラルを補うことはできますが、タンパク質が摂取できません。サラダチキンなどといっしょに食べて体をつくる栄養素を補いましょう。

夕飯はパスタや果物

! 糖質過多

パスタなどの一品料理や果物がメインになっている人は、糖質過多の危険があります。脂質・タンパク質・ビタミン・ミネラルなどの栄養が足りていない状態です。

生理周期で 食の好みが変わる!?

ホルモンの変化に応じて食事バランスを見直そう

女性は生理周期で食の好みが変わると知っていますか？　いつもは甘党なのに、生理が終わって突然ハンバーガーが食べたくなったことはないでしょうか。じつは、女性は生理後から排卵にかけて塩分がとりたくなると言われています。これは、エストロゲンが優位でむくみにくいこの時期であれば、多少塩分をとっても大丈夫と体がサインを出しているからかもしれません。一方、プロゲステロンが優位な排卵後から生理前にかけては、体がむくみやすくなるため、意識して塩分を控える必要があります。

このように、生理周期に合わせて食べる食材のバランスを変えることで、体本来の力を最大限に引き出し、健康的にやせることができるのです。

3つの生理周期ごとに食事を変えよう！

生理周期に合わせてとりいれる食材を変えましょう。ただし、取りすぎには注意が必要。基本の栄養バランスは忘れないよう心がけましょう。

生理中

血を補う食材や体をサポートする食材を

◎出血によりヘモグロビンが減るため、貧血になりやすい時期。鉄分とタンパク質を意識してとりいれることが大切

◎基礎体温がさがり、体が冷えやすくなる。冷えは生理痛を悪化させる原因にもなるため、体を温める食材や血行をよくする食材もとりいれると◎

→ P.94をCHECK

生理後〜排卵まで

筋トレ効果をアップさせる食材がベスト

◎エストロゲンが豊富なこの時期は筋トレにぴったり。高タンパク・低脂質な食事を心がけて、筋トレの効果を最大限に引き出そう

◎エストロゲンの作用によって食欲が出にくい時期。むくみにくいので、しょっぱい物を食べてもOK！

→ P.98をCHECK

排卵後〜生理前まで

生理前の食欲を調整しつつ、脂肪燃焼を促す

◎プロゲステロンが優位なこの時期は、食欲が増加する人も多いが、この食欲のままに食べてしまうとやせないどころか太ってしまうので注意！ 食事量を1日5回に分けて食べるなどして爆食を避ける努力が必要

◎基礎体温が高くなるため、エネルギー消費量も多く、脂肪が燃えやすい時期。より体内の脂肪を燃やしやすくするため、体を温める食事を心がけて

→ P.102をCHECK

排卵後から生理前は要注意！
太りにくい食べ方を理解しよう

血糖値のアップダウンを防ぐことがダイエットのカギ

生理前の食欲増加の原因は、血糖値の急低下にあります。通常、血糖値はインスリンというホルモンによって一定に保たれています。しかし、排卵後から生理前にかけては、プロゲステロンの作用によりインスリンの効きが悪くなるため、体は血糖値をさげようといつもより多くインスリンを分泌するようになります。すると、今度は血糖値が急激にさがってしまい、食事から2、3時間しか経っていないのにお腹がすいてしまうのです。

そんなときは、総カロリー量を変えずに1日3食から5食へ食事回数を増やしてみてください。血糖値がさがりきる前に食事をすることで、血糖値のアップダウンがゆるやかになり、お腹がすきにくくなります。

1日5食がやせやすい！

食事回数を増やすことで血糖値のアップダウンを防げます。血糖値の変動をゆるやかにする食べ物はP.109で説明しているので、ぜひ参考にしてください。

カロリー量はそのままに食事回数を増やそう

1日の摂取カロリーは1800kcal程度に抑える

6時

- 目玉焼き 130kcal
- トマト1個 30kcal
- ボンレスハム2枚 30kcal
- 玄米 250kcal

おやつ 10時

- ミックスナッツ 150kcal

手のひら1杯分ほどが目安。アーモンドとくるみを7割、残りの3割は好きなナッツでOK

12時

- 鶏むね肉 140kcal
- サラダ 150kcal
- 全粒粉のパン 160kcal

おやつ 16時

- ゆで卵 75kcal

1個が目安。塩をかけてもOK

18時

- 玄米 250kcal
- ブロッコリーの炒め物 110kcal
- 鮭の塩焼き 120kcal
- ニラ玉スープ 40kcal

合計カロリー 1635kcal

野菜から食べるベジファーストがおすすめ

食事の際に、野菜→タンパク質→炭水化物の順番で食べると、さらに血糖値のアップダウンを防ぐことができます。野菜と言っても大根などの根菜や、イモ類などは糖質が多いのであとに食べるようにしましょう。野菜の炒め物やみそ汁、スープなども先にとることをおすすめします。

水分は健康と
ダイエットの味方！

体を健康に保つためには水が必要不可欠

　口に入った水分は、腸で吸収されたあと体液となって体を巡り、栄養素や老廃物を運んだり、体温を一定に保つといった働きを担います。体内の水分が足りなくなると、人の体は正常に働かなくなり、最悪の場合死に至ることも……。水は人にとってかかせない、必要不可欠な存在なのです。

　しかし、体の水分量は普通に生活しているだけで、汗や尿として体外に排出されてしまいます。厚生労働省によると1日あたりに失う水の量は約2.5Lにものぼります。健康でいるためには、失った分の水分をきちんと補わなくてはなりません。食事や体内でつくられる水分を除いても、1日に1.2L以上は飲料で水分補給をすることが望ましいです。

正しく水分をとって あこがれボディに

健康に必要な水分量をしっかりとることで、体本来の力を引き出し、むくみにくく、やせやすいあこがれボディを手に入れることができます。

水分補給の習慣化で無理なく摂取を

おすすめの飲み方

AM 7:00
朝食といっしょに

AM 9:00
会社についてすぐに

AM 12:00
昼食といっしょに

PM 3:00
3時のおやつといっしょに

PM 7:00
夕食といっしょに

PM 8:00
筋トレ後に

PM 9:00
お風呂あがりに

PM 11:00
寝る前に

1日あたりコップ7〜8杯ほどが理想

気になる！ 水分補給のギモン

水を飲むとやせるって本当？

水自体に脂肪燃焼を促す効果はありませんが、老廃物が排出されることでむくみがとれる・血行がよくなり基礎代謝があがるため、水を十分量飲むことでやせやすい体になることは事実です。また、普段ジュースなど加糖飲料を飲んでいる人は、ジュースから水に切り替えることで糖質を抑えることができるため、脂肪減少につながります。

水分補給はお茶でもいいの？

お茶は糖分が含まれていないため、飲みすぎによって太ることはありません。しかし、カフェインが含まれており利尿作用が高いため、補給した水分を再び対外へ排出してしまいます。嗜好品として適量を飲むだけに抑えておきましょう。麦茶やそば茶、ハーブティーなどのカフェインが含まれていない種類のお茶は、水分補給としても有効です。

生理中

ダイエットを妨げる
冷えや貧血に効く食材

出血によって失ったヘモグロビンをとり戻そう

出血により体内の血が失われる生理中は、安静にしていても貧血になりやすい時期です。貧血とは、血液中の赤血球に含まれ、体中に酸素を運ぶ役割を担うヘモグロビンという物質が少なくなった状態で、ヘモグロビンが低下すると、体の組織に十分な酸素が行き渡らず、めまいやたちくらみ、動悸や息切れなどの症状が現れてしまいます。貧血予防のためには、しっかりと食事で鉄分を補うことが必要です。

さらに、体内の血液量が少なくなることで、体はいつもより冷えやすくなります。血流が滞ると、生理痛の悪化にもつながってしまうため、生理中は鉄分を補う食材以外にも、体を温めて血行をよくする食材も積極的にとっていくとよいでしょう。

また、生理中は鉄分とともにタンパク質も不足しがちです。意識的にいつもよりもタンパク質を多くとるようにしてください。特に、出血量が少なくなってきたころから筋トレをはじめる場合には、タンパク質を積極的にとることで、より筋肉がつきやすくなり、やせやすい体づくりにつながります。

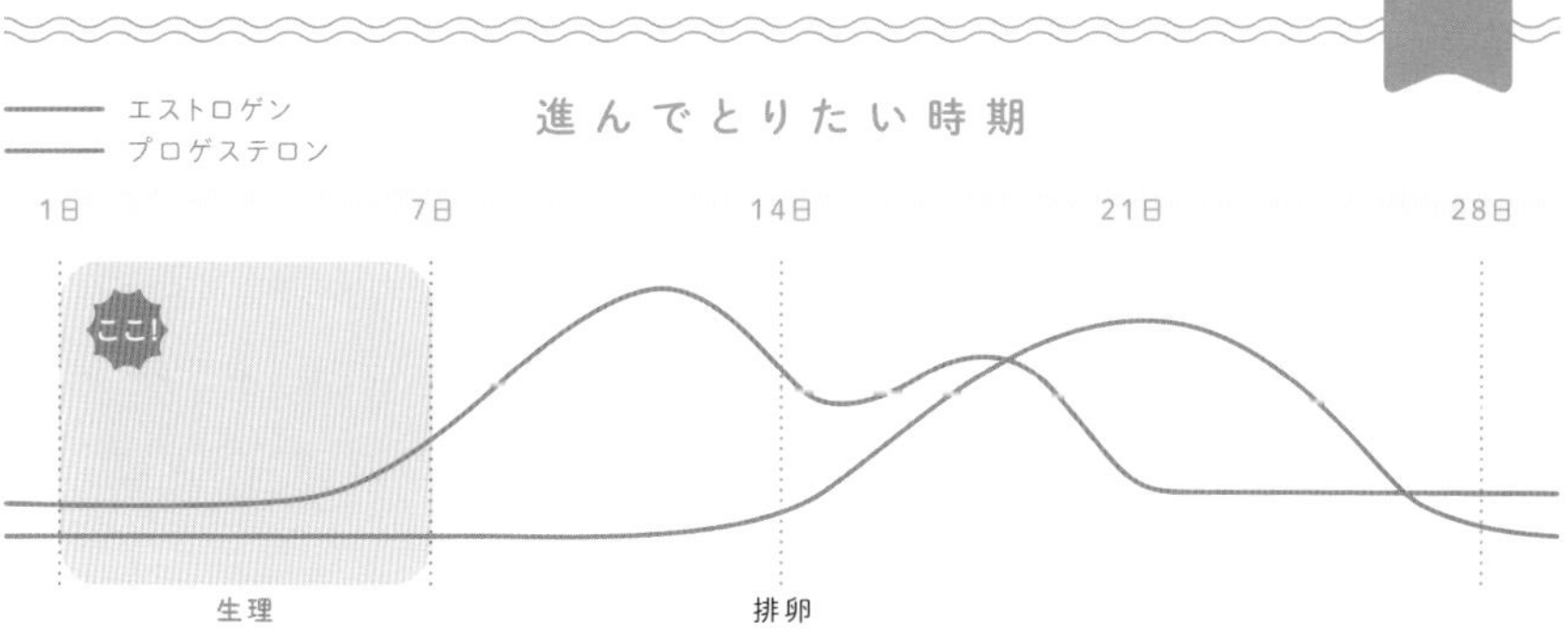
エストロゲン
プロゲステロン
進んでとりたい時期
1日
7日
14日
21日
28日
ここ!
生理
排卵

おすすめ食材

1

はちみつ

はちみつには体を温める効果があるほか、ビタミンやミネラルなどの栄養素も豊富に含まれています。タンパク質のもととなるアミノ酸も含まれているため、筋肉量を増やす効果もあります。また、便秘解消効果も期待できるので、便秘が気になる人にもおすすめです。

期待できる効果

●体を温める ●便秘改善 ●体のつかれをとる ●風邪予防

※中毒の心配があるため、乳児には食べさせないよう注意してください。

ドリンクはもちろん、
ヨーグルトに
プラスしてもGOOD!

おすすめ食材

2

赤身マグロ

赤身マグロは鉄分が豊富に含まれているだけでなく、血行促進効果のあるビタミンEやタンパク質も豊富に含まれているという、生理時に補いたい栄養がすべてそろったスペシャル食材です。生理のときに食材選びに迷ったら、赤身マグロを選ぶとよいでしょう。

食物繊維が豊富なアボカドといっしょにオリーブオイルと塩こしょうでカルパッチョ風に和えるのがおすすめです。さらにレモンを絞ればビタミンCが鉄の吸収を高めてくれるので、貧血予防効果が高まります。

期待できる効果

●貧血改善 ●血行促進 ●美肌効果 ●むくみ改善

刺身でも
カルパッチョにしても
おいしい♪

おすすめ食材

3

しじみ・あさり

身近な貝類のしじみやあさりにも鉄分が豊富に含まれています。みそ汁にすることで体が内側から温まり、生理痛緩和にも効果的です。コンビニなどのインスタントみそ汁もおすすめです。

期待できる効果

あさり
●貧血改善 ●むくみ改善
●肝臓機能の強化

しじみ
●貧血改善 ●むくみ改善
●二日酔い改善 ●美肌効果

しじみもあさりも
みそ汁が定番ですが、
あさりは酒蒸しも
おすすめです。

＼＼ 貧血や冷え防止に //

控えたほうがよい飲み物

おいしいからと生理中でも冷たい飲み物や、好きな飲み物を飲んでいませんか? 貧血・冷え予防には食材選びだけでなく、飲み物の選び方も重要です。

コーヒー・緑茶・紅茶

カフェインは ホットでもNG

コーヒーや緑茶、紅茶などのカフェインを含む飲み物は、たとえホットであっても生理中にはおすすめできません。カフェインには血管を収縮させる効果があるため、血行が滞り、冷えや生理痛の悪化をまねいてしまいます。

さらに、カフェインは鉄の吸収を妨げてしまうため、貧血を加速させてしまうこともあります。どうしてもコーヒーが飲みたいときは、ノンカフェインのコーヒーをホットで飲むようにしてください。

体を温めたいときはこれを飲もう

ココア

ココアには血管を広げる効果のあるポリフェノールが含まれているため、飲むことで血行をよくし、体を温めることができます。少量ですが鉄分も含んでいるため、貧血改善も期待できます。ただ、ココアに含まれている鉄分だけでは足りないため、あくまでも右ページの食材のサポート役と考えましょう。普段、ダイエットを頑張っているごほうびとして飲むのも、モチベーション維持に効果的です。

ハーブティー

ハーブティーはノンカフェインのものが多く、効能もさまざま。毎日体調が変わりがちな生理中には、その日の症状に合わせたハーブティーを選ぶのもおすすめです。

ハーブティーの効果

- ジンジャー …… 体を温める
- ローズヒップ …… むくみに効果的
- ペパーミント …… 痛みや吐き気の緩和

✦ 生理後〜排卵まで

筋肉量を増やす食材

筋トレの効果を最大限に引き出そう

生理後から排卵までは筋トレを頑張りたい時期です。食事面では、筋トレの効果を最大限引き出すために必要な栄養を補いましょう。

筋肉は、筋トレなどの刺激によって一度分解されたあと、体のなかにあるタンパク質を吸収・合成してさらに大きくなっていきます。そのため、タンパク質を十分にとっていないと、筋トレをしても筋肉はなかなか増えません。しっかりと効率よく筋肉を増やし、やせやすい体になるためには積極的にタンパク質をとることが重要です。

しかし、この時期だけタンパク質をとればいいというわけではありません。そもそもタンパク質とは、体内で合成可能な非必須アミノ酸と、体内で合成できない必須アミノ酸との2つを合わせた約20種類のアミノ酸の集合体。必須アミノ酸が足りなくなると、免疫機能が落ちて病気にも感染しやすくなってしまうため、どの時期においても肉や魚などをしっかり食べて、栄養を補っていきましょう。生理後など集中して筋力を高めたいときには、プロテインやBCAAサプリメント（P.101参照）をとりいれてもよいでしょう。

進んでとりたい時期

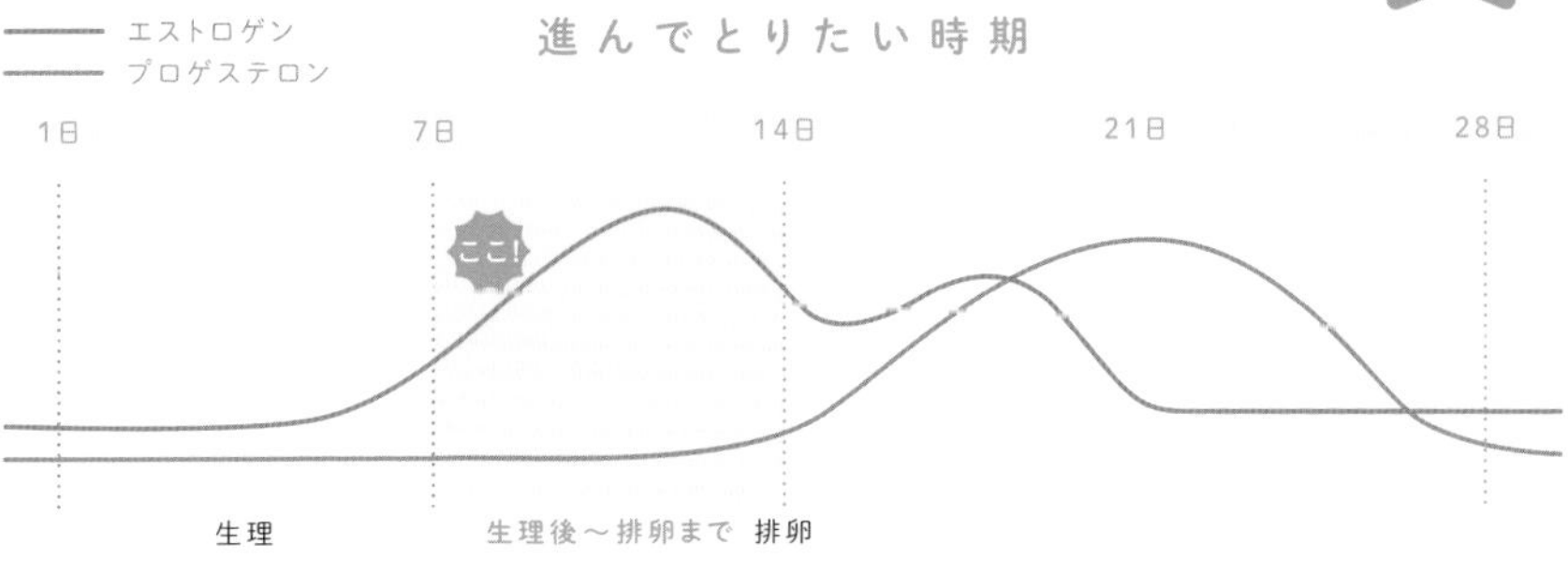
エストロゲン
プロゲステロン
1日
7日
14日
21日
28日
ここ!
生理
生理後～排卵まで
排卵

おすすめ食材
1

ゆで卵、目玉焼き、
卵焼き、オムレツなど
簡単につくれるのも魅力。

卵

タンパク質
（1個あたり） **6.2g**

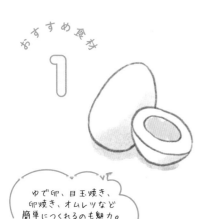

卵は体内で合成されない必須アミノ酸が全種類入った、非常に高品質なタンパク質を持つ食材です。脂質や糖質が少なく、ビタミンやミネラルなどの体に必要な栄養素が多く含まれているため、生理後〜排卵までのこの時期以外でも積極的にとりいれましょう。

期待できる効果

- 筋肉量を増やす
- 基礎代謝アップ
- 記憶力アップ
- 骨を丈夫にする

卵は食物繊維とビタミンC以外の必要栄養素をすべて含んだ栄養食です。毎日1個を目安にとっていきましょう。

おすすめ食材
2

沸騰したお湯で8分
ゆでたらゆでどりの完成。
つくるのが面倒なら、
コンビニのサラダチキンでもOk!

鶏むね肉

タンパク質
（100gあたり） **25g**

鶏むね肉は脂質も少なく、ヘルシーで高タンパクなダイエッターの強い味方となる食材です。皮つきは脂質が約30kcalほど多くなるので、できるだけ皮なしのものを選ぶとよいでしょう。鶏肉のなかでも値段が安く、お財布に優しいのも魅力のひとつです。

期待できる効果

- 筋肉量を増やす
- 基礎代謝アップ
- 疲労回復
- ホルモンバランスを整える

おすすめ食材
3

牛ももといえば
やっぱりステーキ。
1か月に一度、ダイエットを
頑張ったごほうびにしても◎。

牛もも肉

タンパク質
（100gあたり） **21g**

牛肉もタンパク質が豊富です。ただ、部位によっては脂質が多くなるので、もも肉やヒレ肉など比較的脂質の少ない部位を選ぶとよいでしょう。外食をしなければいけないときは、もも肉やヒレ肉を使ったローストビーフやステーキであれば食べても問題ありません。

期待できる効果

- 筋肉量を増やす
- 脂肪燃焼を促す
- 免疫を高める
- 貧血改善
- 血行促進

筋トレ効果を最大限引き出す食べ方のポイント

せっかく筋トレを頑張るのだから、きちんと筋肉をつけて、引き締まった体になりたいもの。そのためには食事面でのサポートが必要です。

筋トレに最適な時間帯って？

筋トレはいつ行っても構いません。ただ、空腹時や食後すぐ、寝る直前に行うと体調不良や不眠を引き起こしやすくなるため、避けるのがベター。空腹時に筋トレを行う場合はゼリーや飲み物で軽く糖質を摂取してから、食後に行う場合は2～3時間ほど経ってから行うようにしましょう。

筋肉づくりに必要なタンパク質量を知ろう

筋肉づくりに必要な1日のタンパク質量(g) ＝ 体重 × 1.3~1.8g

筋肉づくりに必要なタンパク質量は、1日あたり体重×1.3～1.8gとされています。過剰分は脂肪として蓄積されてしまうので、食材に含まれるタンパク質量を計算しながら摂取するとよいでしょう。食事だけでは補いきれない場合はプロテインを飲んでもよいですが、すべての食事をプロテインに置き換えるダイエットはおすすめしません。

プロテイン・BCAAってなに？

プロテイン

タンパク質が豊富に含まれたサプリメントのことです。種類が多く、大豆からつくられ、イソフラボンが含まれるソイプロテインなどもあります。アミノ酸の吸収率が高まる運動後30分以内に飲むと、さらなる筋肉量アップが見込めます。

BCAA

必須アミノ酸であるバリン、ロイシン、イソロイシンの3つが含まれたサプリメントで、プロテインのような分解過程がないため、30分程度と速い速度で吸収されるのが特徴です。とりすぎると下痢になりやすいので注意しましょう。

※筋肉をしっかりと増やしたい人向けのサプリメントです。
筋トレをしないときに摂取すると、太る原因にもなるので控えましょう。

排卵後～生理前まで①

体を温め、脂肪を燃焼しやすくする食材

脂肪燃焼を促す食材で内側から燃やせ！

排卵後から生理前にかけてはプロゲステロンの分泌により、体温が平熱より0.3〜0.6℃ほど高くなります。体温が高いほど基礎代謝も高くなるため、この時期は生理周期のなかでもっとも脂肪燃焼率が高まる時期と言えます。脂肪燃焼率が高くなるこの時期に体を温める食材をとることで、基礎代謝がより高まり、さらなる脂肪燃焼効果が期待できるようになります。

しかし、注意してほしいのは、食材だけとっていても十分な脂肪燃焼効果は得られないということです。ヨガやウォーキングなどの有酸素運動を同時に行うことで、脂肪は燃えていきます。

また、この時期はプロゲステロンの作用によりお腹がすきやすくなる時期でもあるので、食べすぎにも注意が必要です。食べすぎはダイエットを妨げる原因ですので、あくまでもバランスのよい食事にプラスして、体を温める食材を少し足すイメージでとりいれましょう。有酸素運動は、通勤時に一駅分多く歩くなど、日常の動作にひと工夫加えるだけでも大丈夫です。無理のない範囲で続けていきましょう。

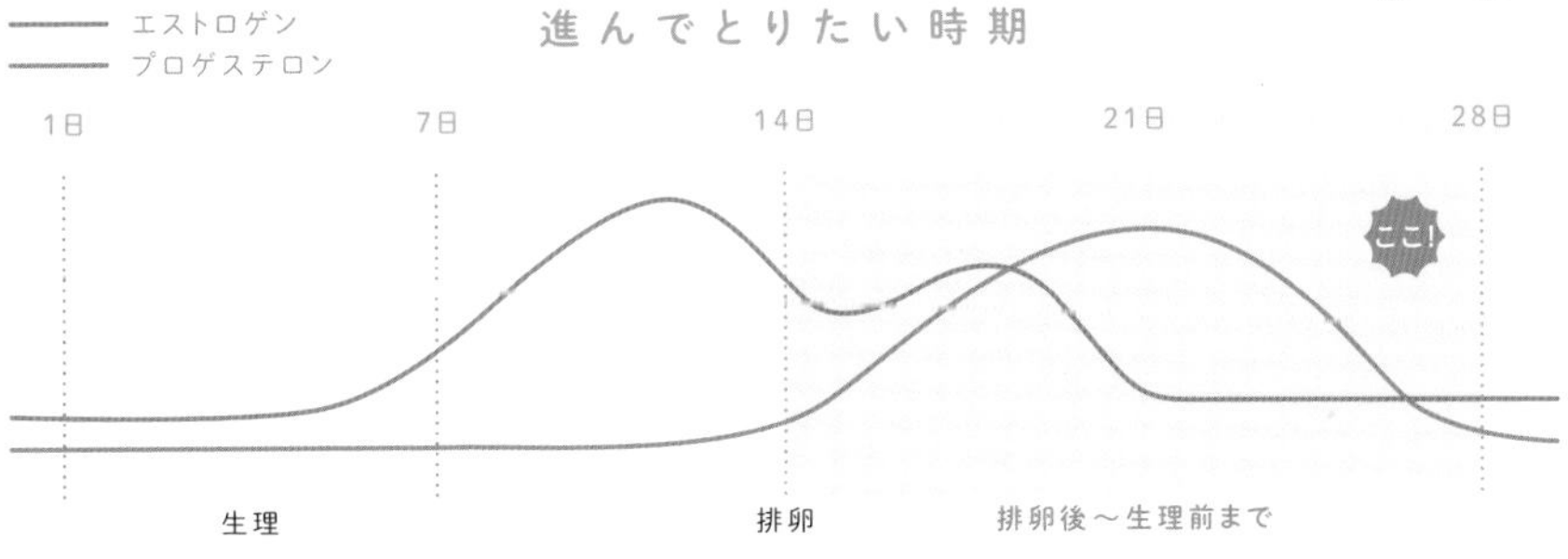
エストロゲン
プロゲステロン
進んでとりたい時期
1日
7日
14日
21日
28日
ここ!
生理
排卵
排卵後〜生理前まで

おすすめ食材
1

しょうが

しょうがの辛味成分「ジンゲロール」には、血の巡りをよくし発汗を促す作用があります。加熱することで、内側から温める効果がより高まるため、冷えが気になる場合は、スープなどの通常の食事におろししょうがを入れて食べるのもおすすめです。

期待できる効果

●血行促進 ●脂肪燃焼 ●美肌効果 ●生理痛の緩和

1日の摂取量は
5~10gがベスト。
スライスなら
6枚程度を目安に。

おすすめ食材
2

シナモン

シナモンには冷えをとりのぞき、全身の血行をよくする効果があります。冷えからくる肩こり・目の下のくま・腹痛・生理痛の緩和に効くほか、胃腸の不調を助ける効果や、発汗を促し体の熱をさげる効果もあるため、体調が悪いときのお助け食材としても効果的です。

期待できる効果

●血行促進 ●脂肪燃焼 ●お腹の調子を整える ●肩こりの緩和 ●生理痛の緩和 ●熱をさげる

バナナにシナモンを
振りかけたシナモン
バナナもおすすめ。

おすすめ食材
3

鮭

鮭には胃腸を温め、血の巡りをよくする効果があります。胃腸を温めるので、胃が弱い人などにもおすすめです。さらに、鮭の赤い色素成分であるアスタキサンチンには、疲労回復や美白・美肌効果もあります。焼き鮭や石狩鍋など温めて食べるとより効果的です。

期待できる効果

●血行促進 ●脂肪燃焼 ●お腹の調子を整える ●生理痛の緩和 ●疲労回復 ●美白効果 ●美肌効果

焼き魚はフライパンに
クッキングシートを
しいて焼けば焦げつかず
簡単につくれます♪

＼＼ 効率よくとるためのポイント ／／

パウダーやチューブを活用しよう

健康的に食材をとりいれたいけれど、特にしょうがやシナモンはすりおろしたりけずったりが面倒……。そんなときは便利な市販品に頼りましょう!

しょうが紅茶

しょうがパウダーは
スーパーで
購入できるよ!

つくり方

温かい紅茶に
しょうがパウダーを入れて混ぜる

生のしょうががないときや、すりおろすのが面倒なときには「しょうがパウダー」や「しょうがチューブ」がおすすめ。紅茶やみそ汁などにささっと入れて、脂肪燃焼を狙いましょう。麺類や炒め物にも使えます。

シナモンチャイ

つくり方

鍋に、水、ティーバッグを入れて弱火で沸かし、紅茶が濃い目に出たら、牛乳、砂糖、シナモンパウダーを加えて温め、ティーバッグをとりのぞきカップに注ぐ

材料

牛乳…100ml
紅茶ティーバッグ…1個
シナモンパウダー…小さじ1/3
水…100ml
砂糖…小さじ2

まだまだある! 体を温める食材いろいろ

白湯

コップ1杯分を朝飲むことで、体温があがり、基礎代謝が上昇します。腸が刺激されるため便秘改善にも○。

えび・桜えび

腎機能を高め、スタミナをつけて体を温めます。特に足や腰の冷えで悩んでいる方におすすめです。

排卵後～生理前まで②

体を動かす
エネルギーになる食材

エネルギー消費量が増えるこの時期はエネルギー不足に注意

炭水化物を減らすダイエットをしている人も多いですが、炭水化物は体のエネルギー源になる大切な栄養素です。カットしてしまうと体はエネルギー不足の状態になり、つかれやすくなったり、集中力が低下したりとパフォーマンスの低下を引き起こします。さらに、体温があがり、基礎代謝が高くなるこの時期はエネルギー消費量が増加するため、普段よりもエネルギーがより不足しやすくなります。この時期には有酸素運動が効果的ですが、エネルギー不足の状態での運動は脂肪燃焼効果をさげるうえ、体調不良にもなりやすいので炭水化物をきちんと食べるよう注意してください。どの時期であっても1日3食しっかりと炭水化物をとることが大切です。

しかし、炭水化物のとりすぎが太る原因になるのも事実。炭水化物をとりすぎると血糖値が急激にあがり、インスリンが多く分泌されます。インスリンにはエネルギーとして消費しきれなかった炭水化物を脂肪に変えて体に蓄える働きがあるため、脂肪を蓄積させないためには血糖値があがりにくい炭水化物をメインにとり、インスリンの分泌を抑えることが重要です。

進んでとりたい時期

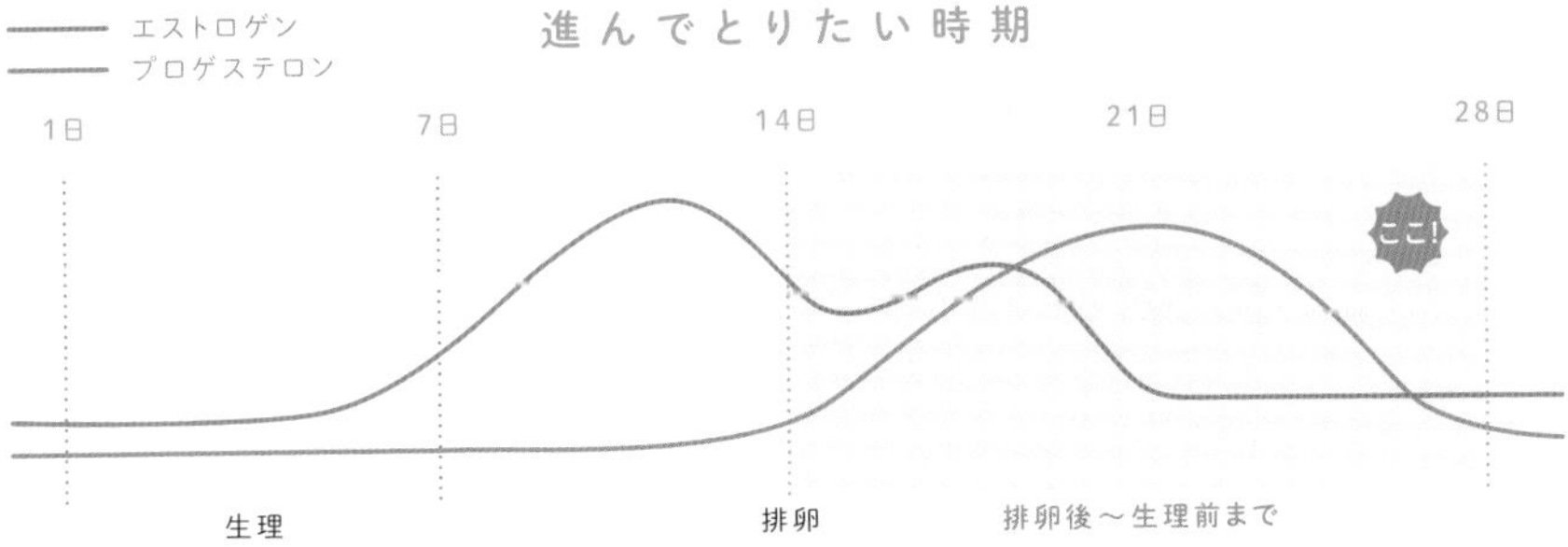
エストロゲン
プロゲステロン
1日
7日
14日
21日
28日
ここ!
生理
排卵
排卵後〜生理前まで

おすすめ食材
1

玄米

玄米は精米していない米のことで、白米よりも血糖値の上昇がゆるやかに進みます。ぬかの層がついたままなので、糖質以外にも、タンパク質や食物繊維、ビタミン、ミネラルなどが豊富に含まれており、白米より栄養価が高い点も魅力のひとつです。

期待できる効果

- 血糖値の急上昇を防ぐ
- 満腹感を感じやすい
- 便秘改善
- 美肌効果
- 高血圧の予防
- 肩こり改善

食物繊維は白米の6倍。
炊飯器に玄米モードが
ない人は、玄米1合に対して
水約300mlを目安に。

おすすめ食材
2

オートミール

オーツ麦を脱穀して調理しやすく加工したもので、シリアルの一種。1食分30gほどをお湯や牛乳でふやかして食べると、少量でも満腹感を得られやすい。血糖値があがりにくく食物繊維も豊富で、クッキーなどダイエットおやつの材料にもおすすめです。

期待できる効果

- 血糖値の急上昇を防ぐ
- 満腹感を感じやすい
- 便秘改善

※製造法によっていくつかの種類があるため、食べ方などを考えながら自分に合ったものを選ぶとよいでしょう。

そのままヨーグルトに
混ぜても、ふやかして
お粥状にしてもGOOD!

おすすめ食材
3

もち麦

大麦の一種で、もち米のようにもちもちとした食感が特徴。玄米やオートミール同様、血糖値の上昇を防ぐ効果があり、食物繊維が豊富です。白米と混ぜて炊いたり、スープレシピにとりいれたりと食べ方もさまざまなので、メニューの幅も広がります。コレステロールを体外に排出する作用もあります。

期待できる効果

- 血糖値の急上昇を防ぐ
- 満腹感を感じやすい
- 便秘改善

※白米と混ぜて炊くときは、白米ともち麦の割合は7:3からはじめるとよいでしょう。慣れてきたら5:5、3:7と増やしてみてください。

もち麦だけ
調理したいときは
100gを700mlのお湯で
15~20分ゆでて。

血糖値があがりにくい食材で上手に炭水化物をとろう

体にとって必要不可欠な炭水化物ですが、血糖値があがりにくい食材を選ぶことでダイエット効果が高まります。

炭水化物と糖質ってどう違うの？

炭水化物

糖質 ＋ 食物繊維

炭水化物から食物繊維を除いたものが糖質です。体にとってエネルギー源になるのは糖質のみで、食物繊維は腸内環境を整えるなど、健康を維持する働きを担っています。

GI値を目安に炭水化物をとろう

GIとは食後に血糖値があがる速さのことで、この数値が高ければ高いほど血糖値上昇の速度が速くなり、お腹がすきやすくなったり、脂肪を蓄えやすくなります。生理前はプロゲステロンによりインスリンの分泌が増える時期なので、GI値の低い食材を意識して選び、血糖値の変動をゆるやかにしましょう。

血糖値があがりやすい食材とあがりにくい食材

高GI値（70以上）	白米、食パン、うどん、じゃがいも、グラニュー糖、はちみつ
中GI値（56～69）	そば、パスタ、そうめん、さつまいも、てんさい糖、スイカ
低GI値（55以下）	玄米、オートミール、もち麦、全粒粉のパン、りんご、梨

血糖値があがりやすい

血糖値があがりにくい

排卵後〜生理前まで③

腸を活発にして デトックスを促す食材

デトックス効果のある食材で内側からキレイに！

水分や老廃物を溜め込みやすいこの時期は、むくみや便秘に悩まされがちです。特に、排卵後から生理前にかけて便秘になるという人で、生理がはじまると急にお通じがよくなる、もしくは下痢になるという人は多いのではないでしょうか。これは、プロゲステロンの作用により腸がむくみ、ぜんどう運動が弱まるためで、生理がはじまるとお通じがよくなるのは、プロゲステロンの分泌が少なくなることで腸のむくみが解消されるからです。

しかし、毎月生理前には必ず便秘になるから仕方ない、と放置しておくのは問題です。腸内環境にトラブルがあると、しっかり食事をしていても栄養が体にうまく吸収されず、栄養不足や免疫機能の低下を引き起こす危険性があります。とりいれた栄養をきちんと体に吸収させるためにも、腸の善玉菌を増やすことが大切です。善玉菌を豊富に含む発酵食品と、善玉菌のエサになる食物繊維やオリゴ糖をしっかりとるように心がけましょう。

発酵食品、特にヨーグルトなどをとるときは、砂糖やはちみつの入れすぎに注意してください。

進んでとりたい時期

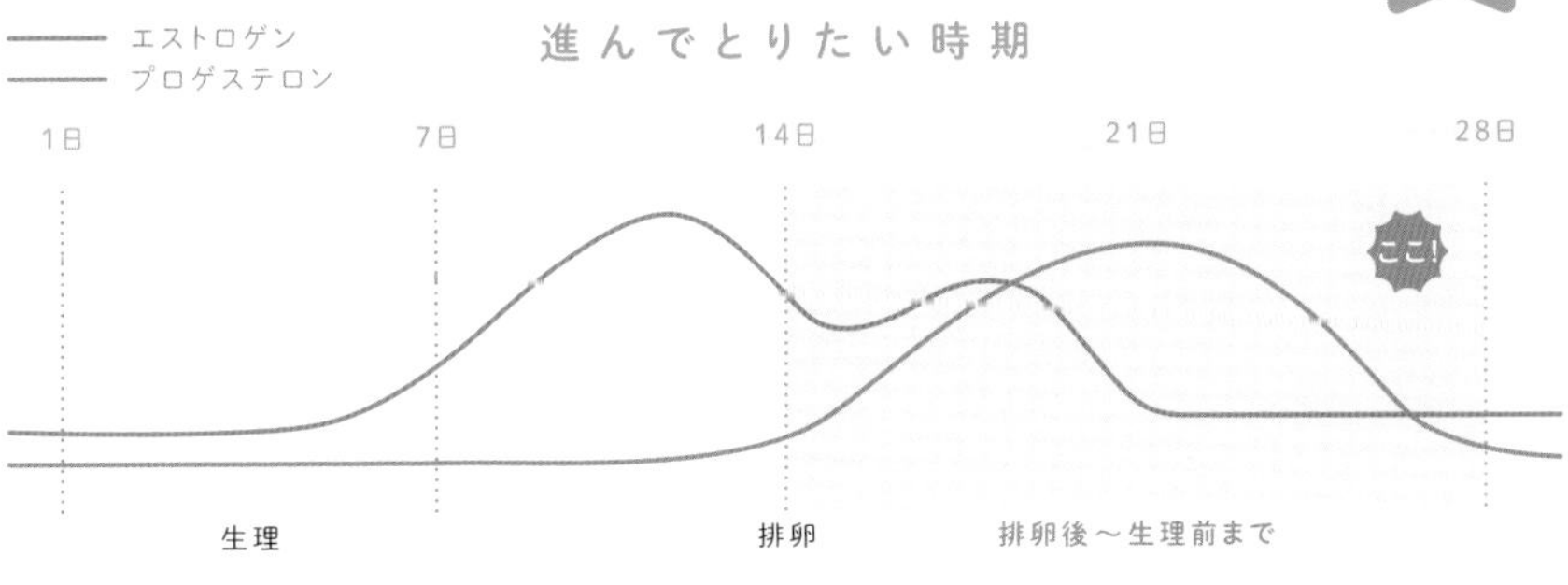
エストロゲン
プロゲステロン
1日
7日
14日
21日
28日
ここ!
生理
排卵
排卵後～生理前まで

おすすめ食材 1

キムチ

キムチは善玉菌を含む発酵食品とそのエサとなる食物繊維がどちらも豊富に含まれた、便秘解消にとても効果の高い食材です。さらに唐辛子の成分であるカプサイシンには、腸のぜんどう運動を促す効果や、体の代謝を高めて脂肪燃焼を促す効果などもあります。

期待できる効果

●便秘改善 ●脂肪燃焼 ●血行促進 ●疲労回復 ●美肌効果

※キムチはなるべく熱を加えずに食べるとGood。

たこと和えたり、
スープにしたり、豚肉と炒めて
豚キムチにしたり簡単で
おいしい食べ方がたくさん。

おすすめ食材 2

きのこ類

きのこは食物繊維が豊富に含まれた食材です。食物繊維だけでなく、ビタミンやミネラルも豊富で低カロリー・低糖質なのでダイエットにも最適。食物繊維のうち、水に溶けない不溶性食物繊維が豊富で、便のカサを増やすことで腸の働きを刺激する働きがあります。

期待できる効果

●便秘改善 ●疲労回復 ●むくみ改善 ●免疫を高める ●美肌効果

※きのこ類のなかでも、しいたけやえのき、しめじ、まつたけは特に食物繊維が豊富です。

おすすめは鍋。
鶏肉やねぎを入れたり、
ポン酢で食べても◎。

おすすめ食材 3

わかめ

わかめには水に溶ける水溶性食物繊維が含まれています。水溶性食物繊維は胃腸内をゆっくり移動し、糖質の吸収を穏やかにして食後に起こりがちな血糖値の急な上昇を抑えてくれます。乾燥わかめでも十分な食物繊維をとることができます。また、不溶性食物繊維と水溶性食物繊維は2：1のバランスで食べるのが理想です。

期待できる効果

●便秘改善 ●血糖値の急上昇を防ぐ ●むくみ改善 ●貧血改善

※わかめ以外の海藻にも水溶性食物繊維は含まれています。

定番のみそ汁以外にも
きゅうりと酢の物にしたり、
ちりめんじゃこと
ごま油で炒めてもおいしい♪

カリウムを多く含む食材で むくみをとりのぞこう！

カリウムは体に必要なミネラルのひとつで、むくみをとりのぞく効果も。ただし、腎機能が低下している人はとりすぎには注意が必要です。

カリウムってなに？

カリウムは体に含まれる余計な塩分（ナトリウム）を体外に排出し、体内の水分バランスを調整する働きを持つミネラルです。体内の水分量を適切な状態に戻してくれるため、むくみ解消にも効果的です。

カリウムを多く含む食材

- さつまいも
- じゃがいも
- トマト
- 青じそ
- ほうれん草
- きゅうり
- ズッキーニ
- バナナ
- メロン
- キウイ

ミネラルについて知ろう！

体内にはさまざまな元素があり、一番多いのが酸素65%、次いで炭素18%、水素10%、窒素3%の4つで、これだけで体内の元素の約96%を占めます。ミネラルとは残りの4%にあたる元素すべてを指していて、なかでも人の体にかかせないものを必須ミネラルと呼びます。必須ミネラルは16種類あり、いずれも体内では生成できないため、食材から補う必要があります。

欠乏に注意

日本人女性はカルシウムと鉄が欠乏しやすい傾向にあります。最近は栄養素を管理できるアプリもあるので、食事内容とともにとった栄養素を記録して食生活を見直してもよいでしょう。

デトックス効果のある飲み物をとりいれよう

玄米茶

玄米茶に含まれるカフェインには腸のぜんどう運動を促す働きが、カテキンには腸の善玉菌を増やす働きがあるため、便秘にはもってこいのデトックスドリンクです。日本人の口に合いやすく、ハーブティーが苦手な人にもおすすめです。

ルイボスティー

リラックス効果、むくみ・便秘の改善、美肌効果など、飲むだけでうれしい効果を得られます。ノンカフェインなので利尿作用もなく、鉄の吸収も妨げません。生理中や妊娠中にもおすすめのハーブティーです。

女性ホルモンを
サポートする食材

バランスのよい食事に+αでとりいれよう

女性ホルモンを整えるうえで、もっとも大切なのはバランスのとれた食生活。特定の食材ではなく必要な栄養素をまんべんなく食べることが大切です。まずは1か月、これまでお伝えした生理周期の時期ごとに補いたい栄養素をとりつつ、全体的にバランスのよい食事を心がけてみてください。

しかし、30代後半ごろからは女性ホルモンの分泌低下により、体の不調を感じることが増えてくるかもしれません。仕事やプライベートで忙しく、生活習慣が崩れていたり、ストレスを抱えている人はなおさらです。そんなときは、女性ホルモンをサポートする食材を+αでとってみてください。女性ホルモンの働きを助けて、より健康な体に導いてくれるはずです。

おすすめ食材 1

大豆製品

大豆に含まれるイソフラボンが腸内細菌によって代謝され作られる成分であるエクオールは、エストロゲンに似た働きをしてくれます。それだけでなく、大豆はタンパク質やミネラル、食物繊維なども豊富で女性にうれしい効果がたくさん。納豆や豆腐、みそなど加工食品も多くあるので、意識してとっていきましょう。

期待できる効果

●美肌効果 ●筋肉量を増やす ●乳がんのリスクをさげる ●更年期障害の緩和 ●免疫を高める ●便秘改善

おすすめは納豆と豆腐。
納豆はそのままでも
オリーブオイルをかけても◎。

おすすめ食材 2

チーズ

コレステロールのもととなる脂質やタンパク質を多く含んでいます。ダイエット中はつい脂質を抑えてしまいがちですが、コレステロールは女性ホルモンの原料にもなるので欠乏には注意が必要。チーズは血糖値の上昇を示すGI値も低く、カルシウムも豊富なので栄養面でも優秀な食材です。

期待できる効果

●筋肉量を増やす ●血糖値の急上昇を防ぐ ●骨を丈夫にする ●免疫を高める ●便秘改善 ●疲労回復

満腹感も得られ、
タンパク質も補えるので
おやつにもおすすめ。

おすすめ食材 3

ナッツ

ナッツに含まれるビタミンEは、女性ホルモンを含むすべてのホルモン分泌をコントロールする働きがあります。また、くるみに含まれるトリプトファンはセロトニンの原料にもなるので、バナナなどのビタミンB_6を含む食材といっしょにとることで、セロトニンが増え、ストレス緩和にもつながります。

期待できる効果

●血糖値の急上昇を防ぐ ●女性ホルモンの分泌を助ける ●骨を丈夫にする ●便秘改善 ●むくみ解消

※ナッツのなかでも、くるみやアーモンドは栄養価が高くおすすめです。塩分量が気になる人は素焼きのものを選ぶとよいでしょう。

なかでもくるみと
アーモンドがおすすめ。
間食にするときの食べ方は
P.91を参考にしてください♪

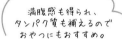

よりキレイな体をつくるために毎日とりたい**ビタミン**

ビタミンがないとやせにくくなる？

ビタミン・ミネラルは健康に生きるためにかかせない栄養素です。近年、ビタミンCを含んだ基礎化粧品なども多く販売され、なんとなくビタミンは肌や体にいいんだなと思っている人も多いかもしれません。

　ビタミンは体の調子を整える潤滑油のような存在です。ビタミンが不足すると、三大栄養素の代謝がうまくいかなくなって脂肪が燃えにくくなり、病気や不調の原因にもなります。

　ダイエットを頑張っているのにやせないという人は、ビタミン不足が原因かもしれません。特にビタミンB_1は糖質をエネルギーに変換するときに必要となるビタミンで、ビタミンB_2には脂肪燃焼を促す効果があります。しっかりとっていきましょう。

主なビタミンの働きを知ろう

ほとんどのビタミンは体内で合成ができないため、食事からとらなくてはなりません。ビタミンの働きを知って、しっかりと補いましょう。

ビタミンB_1　糖質を燃やしてエネルギーに変える

特にとったほうがいい人

●つかれやすい ●運動習慣がある
●肩こりや腰痛がある ●目がつかれやすい

この食材をとろう！

・豚肉 ・玄米 ・ナッツ ・大豆 ・カリフラワー など

ビタミンB_2　脂肪燃焼を促す、皮膚・粘膜・髪をつくる

特にとったほうがいい人

●口内炎がある ●肌荒れが気になる

この食材をとろう！

・卵 ・納豆 ・牛乳
・のり など

ビタミンE　血行促進、ホルモンバランスを正常に保つ

特にとったほうがいい人

●冷え性 ●生理不順
●しみ、そばかすが気になる

この食材をとろう！

・アーモンド ・アボカド
・たらこ ・モロヘイヤ など

葉酸　赤血球の育成、胎児の先天異常リスクを減らす

特にとったほうがいい人

●貧血がある ●妊婦 ●野菜が嫌い
●妊娠を希望している人

この食材をとろう！

・ブロッコリー ・アスパラガス ・ほうれん草 など

そのほかに知っておきたいビタミンの働き

ビタミンB_{12}

葉酸とともに不足すると、赤血球がうまくつくられず、巨《きょ》赤《せき》芽《が》球《きゅう》性貧血を引き起こす。野菜嫌いの人がなりやすい。

食材 しじみ、レバーなど

ビタミンB_6

免疫機能の維持、ホルモンバランスの調整を行うビタミン。ヘモグロビンの合成にもかかせないため貧血解消にも◎。

食材 バナナ、赤身肉など

ビタミンD

骨を丈夫にする効果があるビタミン。食品から摂取するほか、紫外線をあびることで皮膚からも合成される。

食材 鮭、干ししいたけなど

ダイエット中にとりいれたい
3つのポイント

1　3食きちんと食べる（5食でも可）

食事をとるタイミングや食事回数が日によってバラバラだと、体の代謝機能は正常に働きにくくなります。とった栄養を働かせ、脂肪燃焼や筋力アップをはかるためにも食事はきちんと3食とるようにしましょう。

2　食べる順番はベジタブルファースト

前菜 → メインディッシュ → 主食

野菜やきのこ・海藻を使った前菜→肉や魚介類・大豆製品などを使ったメインディシュ→ごはんやパンなどの主食、という順番で食べるようにしましょう。血糖値のアップダウンを防ぎ、脂肪を蓄えにくく、腹持ちもよくなります。

3　質の悪い油はとらない（良質な油は積極的に）

油も生命の維持には必要不可欠な栄養素。しかし、マーガリンのようなトランス脂肪酸を含む油など、質の悪い油は健康を損なう可能性もあるので、体によい油を意識してとるようにしましょう。質のよい油はダイエットにも効果的です。

質のよい油をとりいれよう

油に含まれるコレステロールは女性ホルモンの原料になるほか、種類によっては脂肪燃焼効果も得られます。

オメガ3系脂肪酸がカギ

油にはマーガリンやバターのような固形の飽和脂肪酸と、サラダ油のような液状の不飽和脂肪酸があります。不飽和脂肪酸のうち、オメガ3系脂肪酸とオメガ6系脂肪酸は体内で合成されないため、食事から摂取する必要があり、なかでもオメガ3系脂肪酸は含まれている食品も少なく、ダイエット効果もあるので、積極的にとるとよいでしょう。

オメガ3系脂肪酸の働き

オメガ3系脂肪酸には、食物由来のαリノレン酸、魚介由来のDHA、EPAの3つがあり、なかでも、EPAには脂質の代謝を促し脂肪を燃焼させる効果があります。αリノレン酸も体内で一部がDHA・EPAに変わりますが、+αでさんまやさば、いわしなどの青魚も積極的に摂取するとよいでしょう。

◎アマニ油

これがおすすめ

原材料	亜麻	おすすめの調理法	サラダのドレッシングに
特徴	酸化しやすいので加熱は避けましょう。リグナンという成分が含まれているアマニ油には女性ホルモンを整える働きがあるのでおすすめです		

◎グリーンナッツオイル

原材料	ペルーのアマゾン熱帯雨林原産のインカインチ	おすすめの調理法	サラダのドレッシング・パスタ・炒め物に
特徴	アマニ油よりも酸化しにくく、加熱調理も可能ですが揚げ物など高温の調理には不向きです		

◎オリーブオイル

原材料	オリーブ	おすすめの調理法	サラダのドレッシング・炒め物・揚げ物全般に
特徴	オメガ3系ではなく体内で合成可能なオメガ9系脂肪酸。ポリフェノールが豊富で美肌効果もあるので適度にとるのが◎		

季節別おすすめの食材

旬の食材は栄養価が高い

旬の野菜はおいしいだけではなく、栄養価がもっとも高い時期に収穫するため、体にとてもよい食材です。

さらに、春の食材は寒さで弱った体の調子を整えるためにビタミン・ミネラルが豊富、夏の食材はほてった体をクールダウンさせるように水分やカリウムが豊富、秋の食材は夏のつかれをとりつつも厳しい冬に備えられるようにビタミン、ミネラル、食物繊維が豊富、冬の食材は冷えをとり体を内側から温める効果が高いなど、季節ごとの体調変化に応じて、体のバランスを整える作用を持つ、スペシャルな食材でもあるのです。

そんなパワーたっぷりの旬の食材をおいしくいただいて、健康的に体を引き締めていきましょう。

春

アスパラガス

期待できる効果

- 疲労回復
- アンチエイジング
- 美肌効果
- 貧血改善

グリーンナッツオイルでの調理がおすすめ

おすすめレシピ

アスパラガスのベーコン巻き

新玉ねぎ

期待できる効果

- 疲労回復
- 血液をサラサラにする
- 便秘改善
- むくみ解消

生で食べると効率よくビタミンB1が摂取可能

おすすめレシピ

新玉ねぎの和風サラダ

夏

きゅうり

期待できる効果

- むくみ解消
- 夏バテ予防
- 美肌効果
- 満腹感を感じやすい

梅肉和えにすれば疲労回復効果も!

おすすめレシピ

ささみときゅうりの和え物

ピーマン

期待できる効果

- 夏バテ予防
- 疲労回復
- 日焼け対策
- 体を健康に保つ

ピーマンのビタミンCは加熱しても壊れにくい

おすすめレシピ

ピーマンの豆腐詰め

秋

オクラ

期待できる効果

- 便秘改善
- むくみ改善
- 疲労回復
- 運動による筋肉のけいれんを防ぐ

オクラは板ずりしてさっとゆでていただこう

おすすめレシピ

オクラのおかかポン酢和え

じゃがいも

期待できる効果

- 便秘改善
- むくみ改善
- 疲労回復
- 貧血改善

流れた栄養素もスープで摂取

おすすめレシピ

ポトフ

冬

ねぎ

期待できる効果

- 血行促進
- 疲労回復
- 殺菌作用
- 免疫を高める

ねぎは食べすぎると胃が荒れるので注意

おすすめレシピ

油揚げとねぎの炒め物

かぶ

期待できる効果

- 胃腸の消化を高める
- 便秘改善
- 貧血改善
- 免疫を高める

葉まで食べると栄養価が高い

おすすめレシピ

かぶの煮びたし

もっと知りたい！

ダイエット食Q&A

ダイエット中に外食をしてもいいの？

ダイエットしているからといって、外食を完全に断つのは難しいのではないでしょうか。ダイエット中といっても、そこまで神経質にならなくて大丈夫。たまには外食で好きな食べ物を食べるのも心の健康には必要です。もし気になるのであれば、生理中は赤身マグロ、生理後から排卵までは牛もも肉のように、生理周期に合わせたおすすめの食材を使った料理を注文するとよいでしょう。

サプリメントって効果はあるの？

サプリメントは栄養補助食品です。あくまで食事では補いきれない栄養素を補助的に助ける存在として考えるのがよいでしょう。サプリメントを飲んでいるから大丈夫、という考えはNG。基本的には食材から栄養をとるのが理想です。

お酒は飲んでも大丈夫？

フェムテックダイエットは、心も体も健康的に引き締めていくというものです。アルコールに依存してしまうほど飲んでいる場合は問題ですが、嗜好品として嗜む程度であれば問題ありません。日本酒やビールは糖質が多く含まれているため、血糖値の上昇を避けるのであれば、ウイスキーや焼酎などの蒸留酒、ワインなどの醸造酒がおすすめです。

食事のときよくかむとダイエットになるって本当？

本当です。しっかりかんで食事をすると、少量で満腹感を得られやすくなるほか、あまりかまずに食べたときよりもエネルギー消費量が増えると言われています。また、ゆっくり食べることで、料理を味わって食べることができます。早食いの自覚がある方は、ひと口30回かむところからはじめてみましょう。

Part 4

Life & female hormon

ハッピーに生きるための毎日の過ごし方

〜生活習慣編〜

女性ホルモンはよくも悪くも心身にさまざまな影響を与えます。上手に付き合い、ハッピーで気持ちのよい毎日を過ごしましょう。

女性の心とホルモン

女性のメンタルはホルモンに左右されやすい

　女性は男性より、ホルモンによってメンタルが左右されやすい生き物です。しかし、不調の原因は必ずしも女性ホルモンだけとは限りません。女性ホルモンは脳の視床下部から指令を受けて分泌されますが、視床下部はホルモンだけでなく、自律神経と免疫のコントロールも行っています。

　ストレスや生活習慣の乱れ、過度なダイエットによって女性ホルモンが乱れると、視床下部の働きがイマイチになり、自律神経にも影響が出てきます。自律神経の乱れは、めまいや疲労感、メンタルの不調などさまざまな症状を引き起こすほか、脂肪燃焼を妨げ、やせにくい体にしてしまいます。健康的に日々を過ごすためにも、体を労りホルモンバランスを整えていきましょう。

生活習慣の乱れはさまざまなメンタル不調を引き起こす

最近体がだるい、めまいや頭痛がひどく仕事や家事ができないほどつらい……。そんな不調は自律神経の乱れが原因かもしれません。

自律神経の乱れ

自律神経が乱れても、女性ホルモンが乱れやすくなります

女性ホルモンが乱れると自律神経は乱れやすくなる

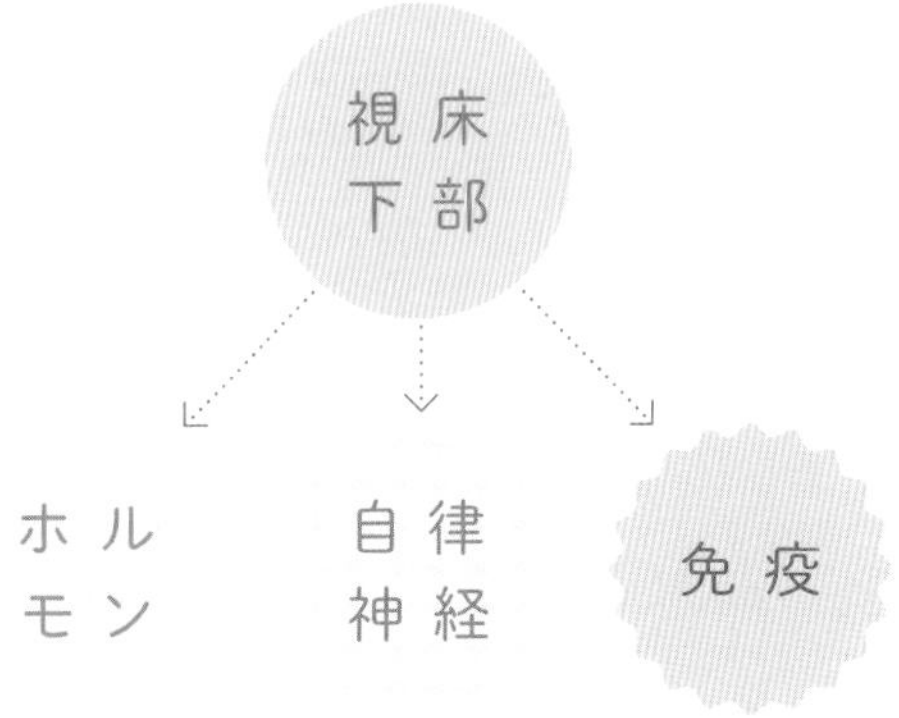

ホルモン：さまざまなホルモンを分泌させる

自律神経：体全身の働きを調整する

免疫：侵入してきた異物から身を守る

ひとつが乱れると、ほかの2つの働きも乱れやすい

自律神経の乱れで現れる症状

- 体のだるさ
- 不眠
- ほてり
- 動悸、息切れ
- めまい
- 頭痛
- 食欲不振
- 吐き気
- イライラ
- 不安
- やる気が出ない
- パニックになりやすい

自律神経の乱れを整えるには？

◎生活リズムを整え、健康的な食事をしっかりとる

◎しっかりと睡眠をとり、体を休める

◎ストレッチや入浴などでリラックスし、ストレスを解消する

⇩

自律神経だけでなく女性ホルモンも整う　やせやすく、気持ちも上向きに！

睡眠不足がまねく
ダイエットの落とし穴

睡眠をしっかりとらないとダイエットの効果は出ない！

やることがたくさんあると、ついつい寝る時間が遅くなってしまいますよね。しかし、睡眠は女性ホルモンにとっても、ダイエットにとっても大切でかかせないものです。

ホルモンバランスを整えるためには、運動・食事・睡眠のバランスを整えることが重要とお伝えしましたが、このバランスは常に正三角形を目指したいものです。たとえ運動と食事を頑張っていても、睡眠をきちんととっていなければ、ホルモンバランスは整わないし、ダイエットも思うような結果がついてきません。必要な睡眠時間は人それぞれなので、しっかりと寝る時間を確保したうえで、日中眠くならない、自分にとって最適な睡眠時間を見つけましょう。

女性の体と成長ホルモン

「夜寝ると成長ホルモンが出るから早く寝なさい」は、子どもだけの話と思っていませんか? 成長ホルモンは大人になっても出続けています。

成長ホルモンは大人にも大切

大人になっても、睡眠中に成長ホルモンは出ています。成長ホルモンは骨を丈夫にして、脂肪燃焼や筋肉の発達を促す働きがあるため、ダイエットの観点からも非常に重要です。また、きちんと睡眠をとらないでいると睡眠不足により体力や気力が減り、つかれやすい・気分が落ち込みやすいなどのメンタルの不調も現れやすくなります。

成長ホルモンが出なくなると……

◎骨粗しょう症になりやすい
◎脂肪がうまく燃焼されない
◎筋肉がつきにくくなる
◎食欲が増えやすくなる
◎肌のターンオーバーがうまくいかなくなる
◎身体的・精神的なつかれがとれない

- 気力や体力の低下
- 基礎代謝が落ちて太りやすくなる
- 体脂肪の増加
- 肌荒れ
- イライラ
- 集中力の低下

睡眠の質を高めよう

3時間の熟睡がカギ

そうはいってもなかなか必要な時間寝ることができないという人は、まず、寝入りの3時間は熟睡するように心がけましょう。成長ホルモンは入眠直後の3時間で分泌されます。途中で目覚めてしまうとうまく分泌されないため、3時間はぐっすりと眠ること。就寝前にブルーライトをあびないなど、睡眠の質を高める対策も大切です。

**ここに気をつけよう!
睡眠の質をあげるポイント**

・寝る前にスマホやパソコンをさわらない
・寝る前にカフェインやアルコールを摂取しない
・お風呂は湯船につかる
・運動を習慣化する
・朝起きたら朝日をあびる

女性ホルモンとＰＭＳ

ＰＭＳが起こるのは女性ホルモンが正常な証拠

ＰＭＳ（月経前症候群）とは生理前に起きる身体的・精神的不調のことで肌荒れやむくみなどの身体症状から、イライラ・精神不安定などのメンタル症状まで、人によってさまざまな悩みを抱えています。

　このＰＭＳの症状は女性ホルモンの変化により起こります。プロゲステロンの水を溜め込む働きにより起こる、むくみ・便秘・頭痛・胸の張り、エストロゲン低下に伴うセロトニン不足により起こるイライラ・不安感・落ち込みなどが、代表的な症状です。つまり、ＰＭＳはホルモンが正常に分泌されている証拠。ＰＭＳでダイエットが挫折……などということのないよう、自分のＰＭＳの症状をしっかり把握しておきましょう。

PMSはホルモン変動の作用によって起こる

PMSは人によって症状や重さが異なります。まずは、自分は生理前にどのような症状が起こるかを見直してみましょう。

PMSが起こる時期

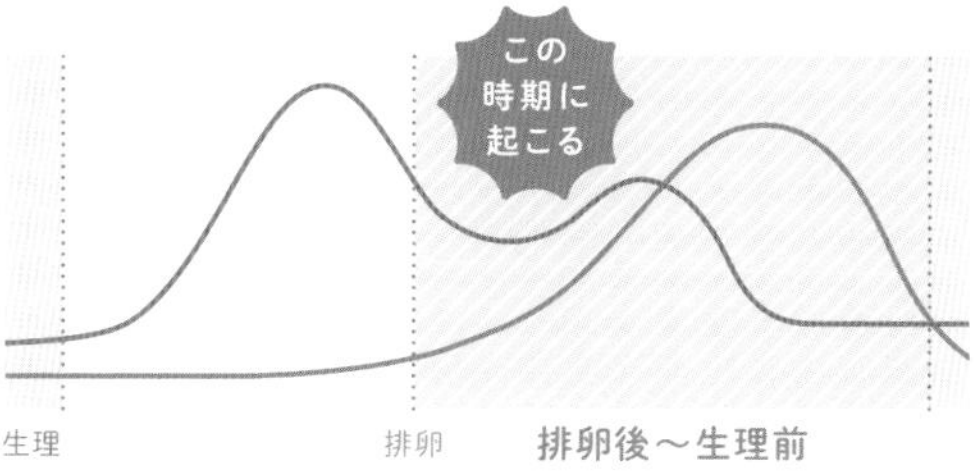
この時期に起こる
生理
排卵
排卵後～生理前

PMSはエストロゲンが低下し、プロゲステロンの分泌が多くなる排卵後～生理前の間に起こります。出る時期や症状は人によって異なります。

PMSの出現パターン

生理
排卵
生理

生理の約1週間前から症状が出て、生理開始とともに症状がおさまるのが典型例

生理の1週間ほど前から症状が現れはじめ、生理と同時に症状がなくなるパターンがもっとも多いようです。自分がどの時期にどのような症状を起こしやすいのかを把握することで、集中力の低下やミス予防の対策ができます。

主な症状

身体的症状	精神的症状
・むくみ	・情緒不安定
・頭痛	・イライラ
・過食	・不安
・めまい	・眠気
・倦怠感	・集中力低下

約70％の女性がPMSに悩んでいる

PMSは薬で治療できます

女性の約70％が悩んでいるPMS。毎月のことだからとあきらめず、起こりやすい時期や症状を把握しておくことで、自分に合った対策ができます。ただ、無理はせずつらいと感じたらすぐに婦人科を受診しましょう。漢方や低用量ピルの服用など、薬での治療も可能です。

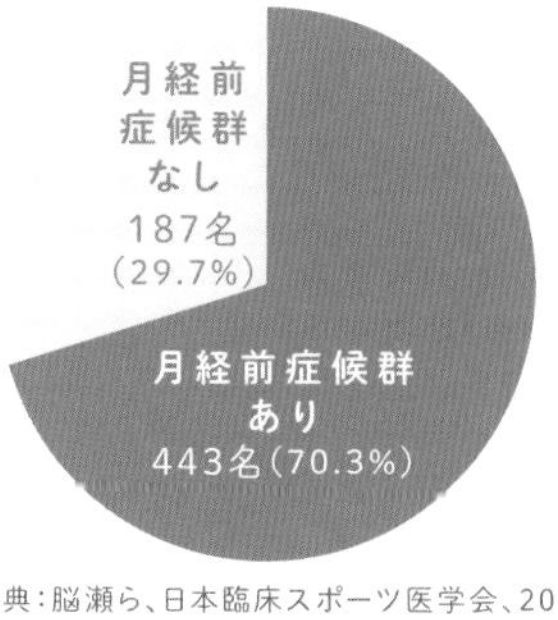
月経前症候群なし
187名
（29.7％）
月経前症候群あり
443名（70.3％）

出典：脳瀬ら、日本臨床スポーツ医学会、2014

生理痛があるのは普通？

自分にとってつらいかどうかが大切

現代では、ふたりにひとりの女性が生理痛で苦しんでいると言われています。生理痛は人によって症状の重さが異なります。男性からだけでなく、女性のなかでも生理痛が軽い人からは理解が得られにくいため、怠けているだけと思われることを恐れてがまんをしていませんか？　生理痛は人と比べるものではありません。自分がつらいと思ったら、それは月経困難症です。

また、鎮痛剤は体によくないと服用を控えている人もいると思いますが、鎮痛剤は痛みが出がちな初日〜3日間、しっかり服用していても体によくない影響はほとんどありません。安心して使ってください。生理がきたと思ったら、痛みが重くなる前に服用するのがおすすめです。

生理痛を正しく知ろう

思春期から20代前半では生理痛が起こりやすいと言われています。あまりにも症状がひどい場合は、子宮内膜症などの可能性もあるので注意が必要です。

生理痛が起きるわけ

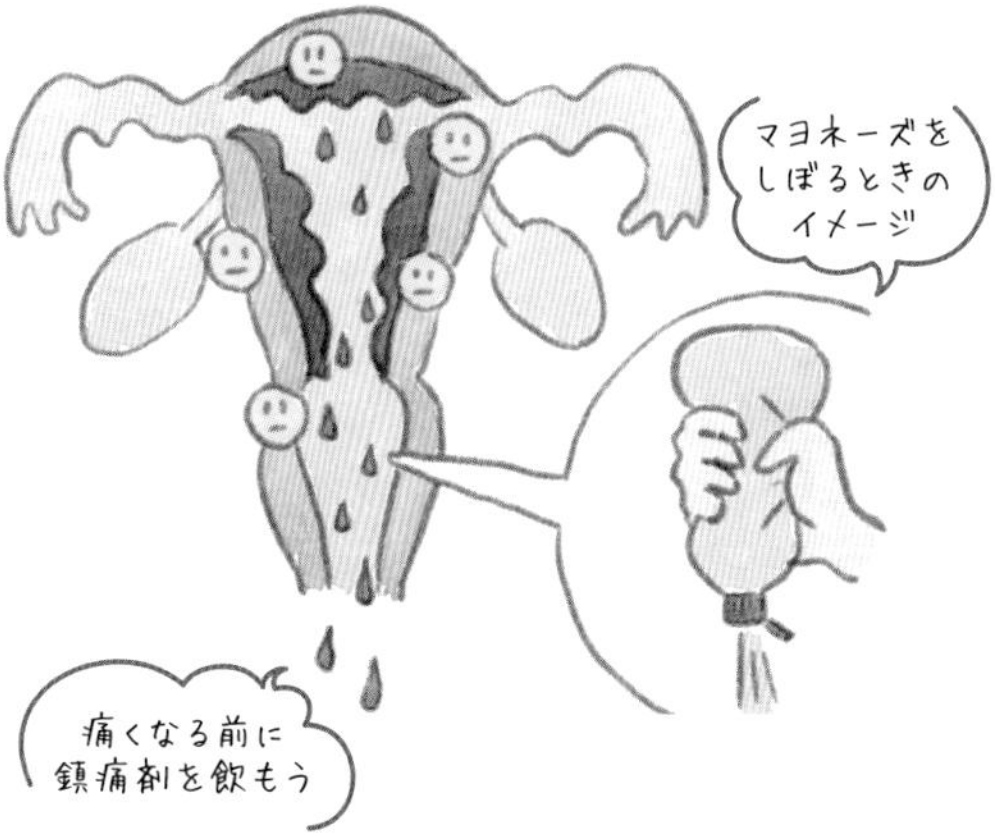
マヨネーズをしぼるときのイメージ
痛くなる前に鎮痛剤を飲もう

生理痛は、子宮内膜をうまく排出させるために子宮をにぎりつぶす力により生じます。これはプロスタグランジンという物質の働きによるもので、プロスタグランジンの分泌量が多い人ほど痛みが強くなります。生理痛で吐き気や嘔吐が起こるのも、プロスタグランジンの影響によるものです。

生理痛がひどい人は、将来子宮内膜症になりやすい？

鎮痛剤を飲んでも効かないなど、日常生活に支障が出るほどの生理痛は、子宮内膜症の可能性が疑われます。子宮内膜症とは子宮の内側以外の場所に子宮内膜と同じような組織が増えてしまう病気です。子宮内膜症の発症のピークは30代半ばと言われていて、発症すると不妊にもつながるため、生理痛がひどくなってきた、飲む鎮痛剤の量が増えたなど異変を感じたら、一度婦人科を受診してみましょう。

子宮内膜症の症状

◎重い生理痛　◎生理時以外の腹痛や腰痛　◎排便痛　◎性交痛

※子宮内膜症は婦人科検診でも発見できます。婦人科検診は、子宮頸がんなど悪性のがんの早期発見も期待できるため、定期的に受けると安心です。

基礎体温ってなに？

基礎体温でホルモンバランスがわかる

今回の生理、普段と違っていたなと思っても、あとからではなにが原因かを突き止めることはできません。生理は女性ホルモンの働きによって起こるため、女性ホルモンが正常に働いているか、つまり排卵があったかどうかが重要になります。排卵があったかどうかを確かめるには、基礎体温を記録するしか方法がありません。

　基礎体温とは、運動や食事による影響を受けていない安静時の体温のことです。女性は排卵後に体温が0.3～0.6℃ほどあがります。基礎体温を継続して測定していると、この体温の変化によって排卵が起こったかを確認できるのです。自分の生理についてしっかりと把握するためには、基礎体温を継続して記録することが大切です。

基礎体温表をつけてみよう

日数だけをあてはめた生理周期の表はあくまでも目安。自分の生理周期をしっかり把握するためには基礎体温の記録がとても大切です。

基礎体温表って？

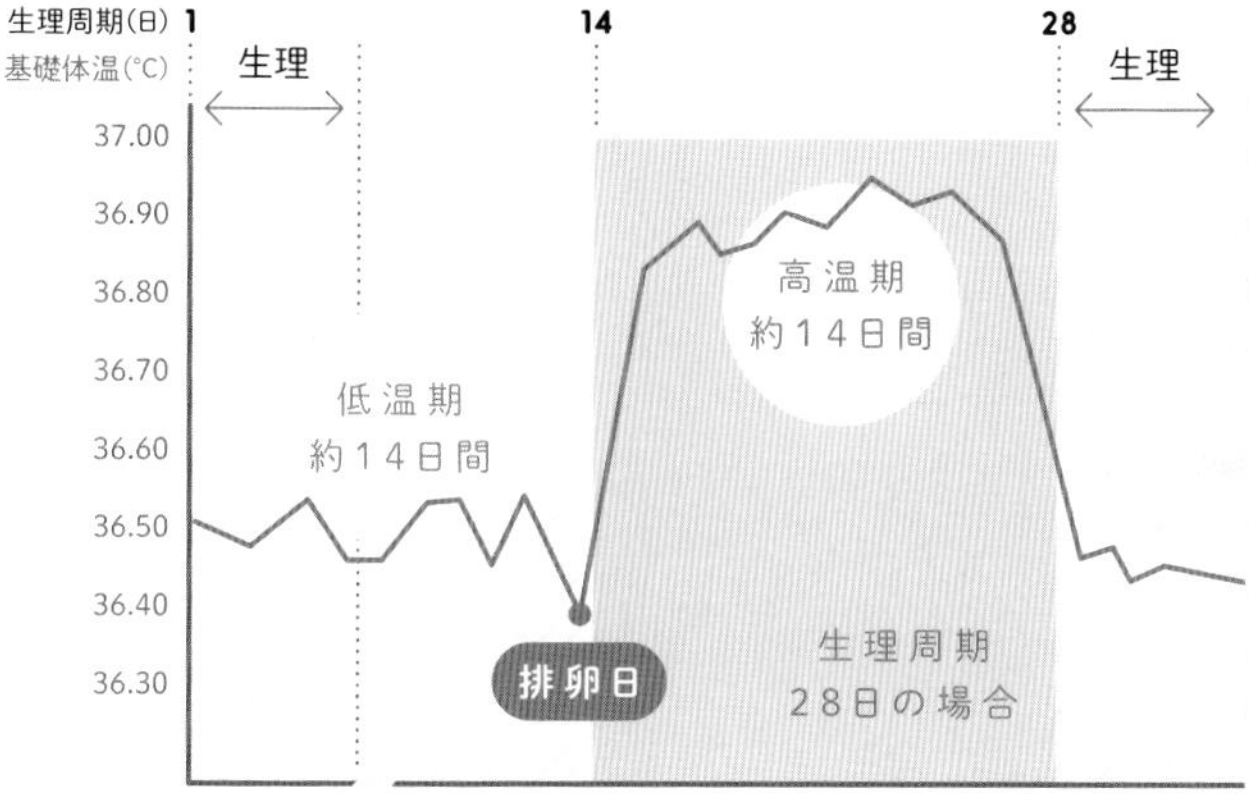
生理周期(日)
基礎体温(°C)
1
14
28
生理
生理
37.00
36.90
36.80
36.70
36.60
36.50
36.40
36.30
低温期
約14日間
高温期
約14日間
排卵日
生理周期
28日の場合

正常に排卵がある場合、グラフは低温期と高温期の二相に分かれます。生理初日から排卵までの約2週間は低温期が続き、排卵が起こるとプロゲステロンの分泌により体温があがり、生理に入るまでの約14日間高温期が続きます。高温期が続く場合は妊娠の可能性が高いです。

婦人科を受診してほしいグラフのパターン

黄体機能不全の疑い

低温期と高温期の体温差が0.3°C未満

高温期の日数が9日以下と短い

無排卵の疑い

体温が二相に分かれない。排卵していない状態

婦人体温計を使おう

婦人体温計とは

通常の体温計と違い、小数点第2位まで表示される基礎体温計測専用の体温計です。毎日測定するのが望ましいですが、測り忘れてしまったときはその日をとばしてグラフに記入しましょう。最近は、測るだけで自動的にアプリに同期され、基礎体温表をつくってくれる体温計もあります。

使い方

1. 目を覚ましてすぐ、動きはじめる前に
2. 起きあがらず、横になったままの状態で
3. 舌の下に入れて計測します

生理周期に合わせた セルフメンタルケアのすすめ

女性は1か月のうち体調のよい日が7日間しかない!?

女性は1か月のうち、体調がよい日が生理後から排卵までの約7日間しかないとも言えます。この日数は生理周期によっても変わるため、生理周期が28日よりも短い人は体調がよい期間も短くなってしまいます。

しかし、毎日仕事はあるし、生理前になる度に家族や恋人にあたってしまうのもよくありません。自分の体や心の状態をコントロールできるのは自分だけ。決して無理をする必要はありませんが、生理周期のうち、自分はどの時期にどのような症状が出やすいかをしっかり把握しておくと、セルフケアがしやすくなります。「いつものことだから仕方がない」とがまんせず、セルフケアでコンディションを高めていきましょう。

自分のメンタル・フィジカルサイクルを分析しよう!

生理周期の3つの時期のうち、どの時期にどんな症状が出やすいかを、よい点も悪い点も併せて書き記してみると自分の症状を客観的に見ることができ、対策をとることもできます。

どの時期にどんな症状が出る?

生理中

◎生理痛がある
◎体が冷えやすくむくみやすい
◎たまにふらつくことがある

対策
体を温めるためのカイロやショール、鎮痛剤などを常備しておく

生理後～排卵

◎肌のコンディションがいい
◎集中力が高い
◎むくみが少ない

対策
集中力が高い時期なので、大切な用事などはこの時期に設定する

排卵後～生理前

◎無性にイライラする
◎マイナス思考になりやすい
◎つい怒鳴ってしまうことが多い

対策
有酸素運動でセロトニン分泌を促して、心をリラックスさせる

女性ホルモンとは無関係な症状を見極めよう

女性ホルモンとは無関係に、まわりの環境やストレスが原因でメンタルが落ち込んでしまうこともあります。ストレスによるうつ症状は、ホルモンバランスを整えるだけでは回復は困難です。女性ホルモンによるものだと思い込んだまま無理を続けないためにも、自分のメンタルサイクルを理解しましょう。ホルモンとは関係のない症状に適切な対処を行うことができます。

⇨ **それぞれに合った対処が必要**

女性は男性の2倍、うつになりやすいと言われています。自分ひとりではうまく心や体の不調に対処できないと感じたら、迷わず専門の医療機関を頼りましょう。

女性ホルモンとピル

ピルを正しく理解しよう

低用量ピルは避妊のための薬だと敬遠していませんか？　排卵を抑制する働きがある低用量ピルは避妊薬として使われはじめましたが、今では生理痛や子宮内膜症、ＰＭＳや生理不順の治療薬として幅広く使われています。

低用量ピルには、ごく少量のエストロゲンとプロゲステロンが含まれており、服用すると女性ホルモンの分泌の波がなくなるため、ＰＭＳが起こりにくくなります。女性ホルモンの含有量は体内で分泌される量よりも少ないため、つくられる子宮内膜の量も少なくなり、経血の量や生理痛も減るというのが低用量ピルのしくみです。ＰＭＳや生理痛、生理不順などで悩んでいる人は、ピルの服用を検討してみてください。

それぞれのピルの作用を知ろう

低用量ピルを服用しても、将来妊娠しにくくなったり生理がこなくなったりすることはありません。自分の症状に合ったピルを処方してもらいましょう。

ピルの種類

低用量ピル

毎日服用

- ◎避妊
- ◎PMS
- ◎子宮内膜症 保険適用
- ◎生理不順
- ◎PMDD
- ◎月経過多
- ◎ニキビ
- ◎月経困難症 保険適用
- ◎生理痛
- ◎肌荒れ

ピルのなかでもっとも一般的に使われている種類です。保険適用されるのは子宮内膜症と月経困難症の治療薬としてだけで、そのほかの目的では保険適用されません。

中用量ピル

- ◎月経移動
- ◎無月経
- ◎緊急避妊
- ◎不正出血
- ◎生理不順

今月だけ生理を移動させたい、避妊に失敗したなどの場合には中用量ピルが用いられることが多いです。低用量ピルよりホルモン量が多いため副作用は出やすくなります。

超低用量ピル

副作用が起きにくい

- ◎月経困難症 保険適用
- ◎子宮内膜症 保険適用

低用量ピルよりもエストロゲンの含有量が低く、副作用がより出にくいピルです。保険適用で、月経困難症・子宮内膜症の治療に使用されます。

低用量ピルを服用した場合のダイエット

女性ホルモンの波がなくなることで、やせやすい時期や筋肉がつきやすい時期もなくなるため、時期にとらわれないダイエットが可能となります。運動は筋トレをベースに基礎代謝をあげつつ、週に数回の有酸素運動で脂肪を燃焼させ、食事は高タンパク低脂質を心がけながら、五大栄養素をしっかりと補いましょう。生理周期に合わせたメリハリのあるダイエットもよいですが、そのためにピルによる治療をあきらめる必要はありません。自分の体をふりかえって、ピルを使用したいと感じたら、いつでも婦人科に相談してください。

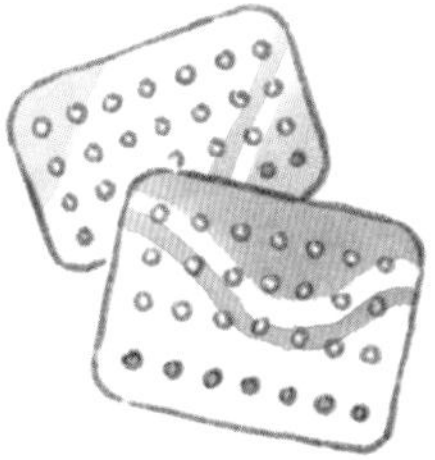

ピルには生理中に服用する偽薬(ホルモンが含まれていない薬)があるものと実薬のみのものがあります。

どうしても しんどいときの処方箋

お悩み 1 突然PMSがひどくなって体の変化についていけない

PMSは加齢だけでなく、そのとき置かれている環境によっても症状が変化することがあります。引越しや転職などのライフイベントが重なると、知らず知らずのうちにストレスを抱えていて、そのストレスによりPMSが悪化し、突然ひどくなったように感じるのです。PMSの症状が急に変われば、しんどく感じてしまうのも仕方のないことです。まずは生活を見直し、食事・運動・睡眠のバランスを整えましょう。それでも症状が落ち着かない場合は、婦人科を受診してみると安心できるかもしれません。

お悩み 2 生理痛やPMSがひどく動けず、自己嫌悪におちいってしまう

生理痛やPMSは人によって症状が違います。人と比べて、「ただのホルモン症状なのに自分はこんなにもうまく対応ができない」「つい人にあたってしまうのは、性格が悪いだけなんじゃないか」「ただ怠惰なのかも」と自己嫌悪におちいってしまうかもしれません。しかし、症状は人によって違うため、人と比べても意味がありません。自分がつらいと感じたら、つらいという事実を認めましょう。そのうえで、婦人科で治療を受ける・セルフケアをするなどの自分に合った対応を見つけていきましょう。

お悩み 3 停滞期で心が折れそう

順調だった体重の減りが滞り、なかなか落ちなくなってしまうと、気持ちが落ち込んでしまい、ダイエットへのモチベーションもさがってしまうものです。停滞期の原因は、ダイエットによる減量を「飢餓状態かもしれない」と判断した体の防衛反応です。停滞期はずっと続くわけではなく、停滞期に入る前と同様のダイエットを行っていれば基本的に2週間〜1か月ほどでまた体重が減りはじめます。体重より体型が大切とわりきって、停滞期かなと思ったら体重計に乗らない選択をするのもよいでしょう。

ここだけ守ればOK

- □無理をしすぎない
- □生理後〜排卵までは集中して頑張る
- □きちんと睡眠をとる
- □食事はバランスよく
- □なるべく体を意識して動かす
- □女性ホルモンに寄り添って生きる

お悩み4 どうしてもダイエットが続かない

甘い物が好きなのにスイーツ断ちをする、運動に慣れていないのに最初からハードな目標を立てるなど、無理をしすぎていませんか？ ダイエットが続かないという人は、自分にとって実行が難しいラインに目標を設定しているケースが多いようです。ダイエットにおいて大切なのは継続すること。最初から頑張りすぎる必要はありません。まずは自分が実現できる範囲で、目標を設定し直してみてください。無理のない範囲で続けていきましょう。

お悩み5 外での運動をあまりしたくない

日に焼けたくない、仕事の関係で夜しか時間がとれないが夜道をひとりで歩く・走るのはこわいなどさまざまな理由があるでしょう。人に見られたくないと思う方もいるかもしれません。そういう場合は、無理して外で運動をしなくても大丈夫です。有酸素運動は脂肪燃焼に効果的ですが、室内でできるヨガや、通勤時のインターバル速歩、階段ダイエットなどでも脂肪燃焼効果は得られます。外で運動はしたくないけど、もっと有酸素運動をとりいれたい……という方はジムなどに通うのも手段のひとつです。

お悩み6 食材選びや料理がストレス

フェムテックダイエットにおいても、食事はとても大切です。しかし、忙しくてなかなか自炊をする時間がなかったり、食材選びやメニュー決めが得意ではなく、ストレスに感じてしまう方もいるでしょう。そんなときは、外食やお惣菜などの既製品に頼っても大丈夫です。ただ、なるべく生理周期のそれぞれの時期におすすめな食材が含まれた料理を、選んで食べるようにしましょう。時間や心に余裕が出てきたら、ぜひ自炊にもチャレンジしてみてください。おすすめの食材を使ったメニューの幅も広がりますよ。

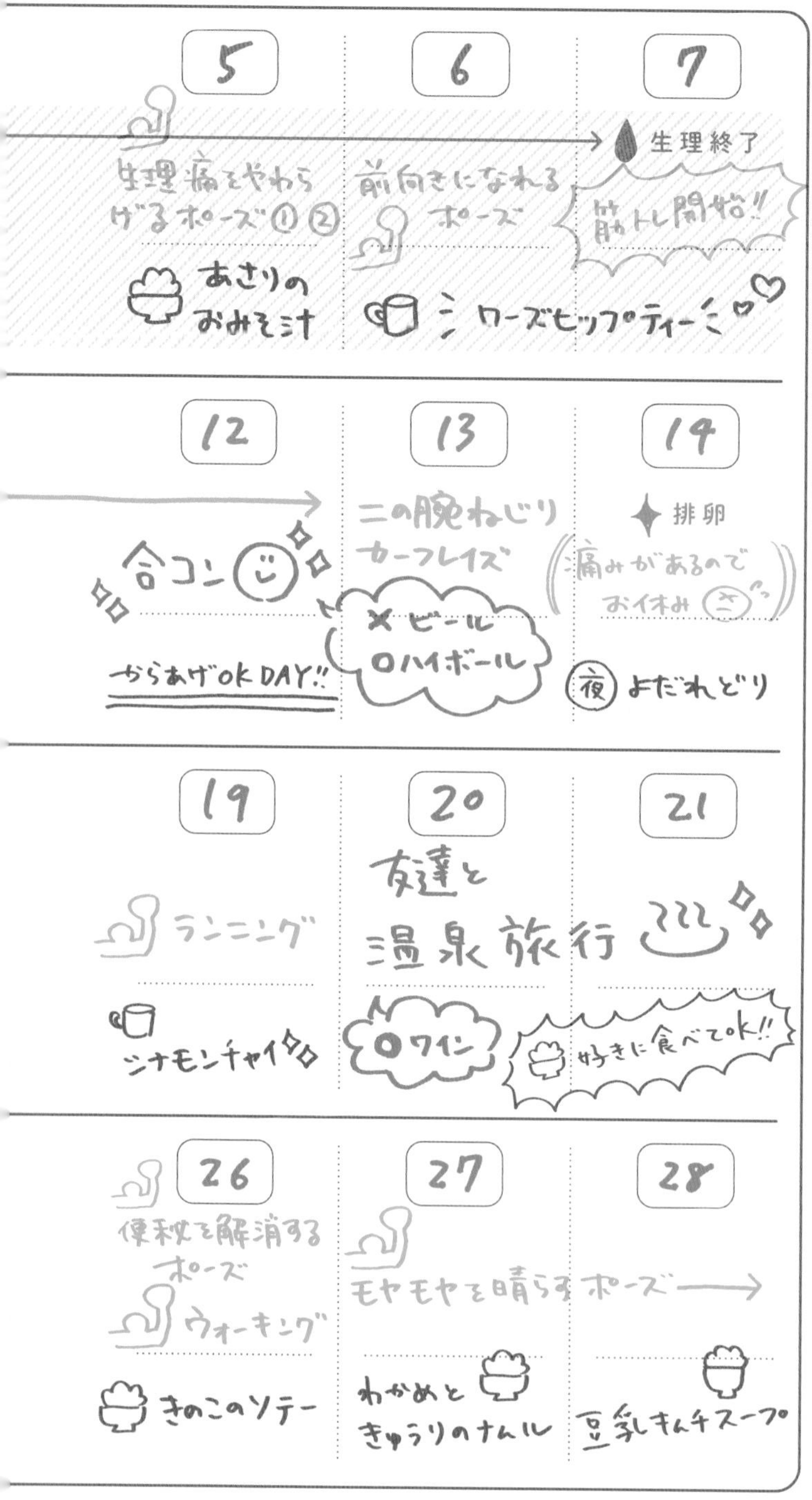
5
6
7
生理終了
生理痛をやわらげるポーズ①②
前向きになれるポーズ
筋トレ開始!!
あさりのおみそ汁
ローズヒップティー
12
13
14
二の腕ねじり
カーフレイズ
排卵
痛みがあるのでお休み
合コン
×ビール
○ハイボール
からあげOK DAY!!
夜 よだれどり
19
20
21
ランニング
友達と温泉旅行
シナモンチャイ
○ワイン
好きに食べてOK!!
26
27
28
便秘を解消するポーズ
ウォーキング
モヤモヤを晴らすポーズ
きのこのソテー
わかめときゅうりのナムル
豆乳キムチスープ

生理周期を味方につけた スペシャルスケジューリング

女性ホルモンと寄り添って生きていくためには、セルフケアが肝心です。生理周期を考えてスケジューリングを組むことで、毎日をハッピーに生きることができるはず。このページを参考にP・142〜143のシートを使って、自分だけのスペシャルスケジューリングをつくりましょう。

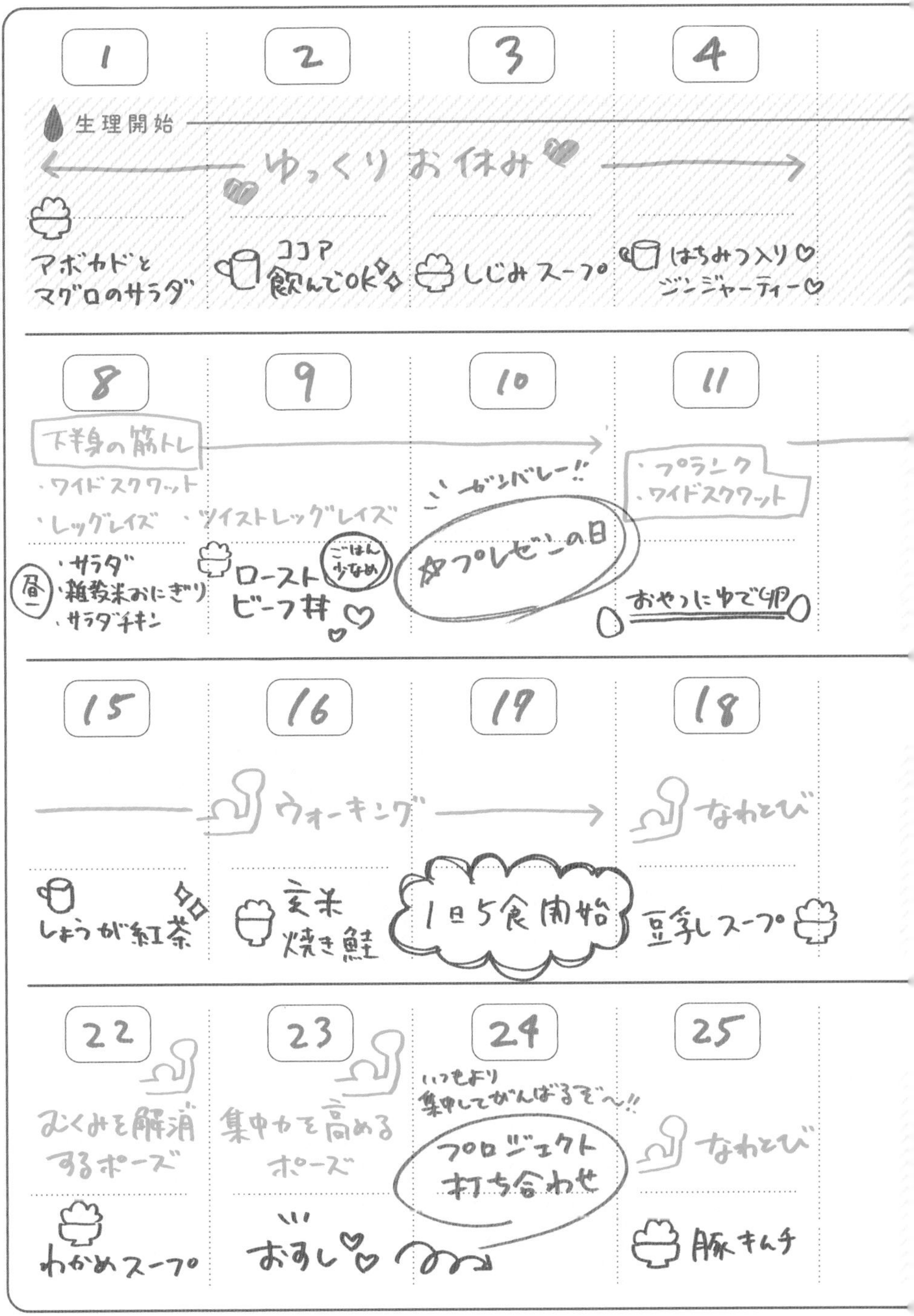
1
2
3
4
生理開始
ゆっくりお休み
アボカドとマグロのサラダ
ココア飲んでOK
しじみスープ
はちみつ入りジンジャーティー
8
9
10
11
下半身の筋トレ
・ワイドスクワット
・レッグレイズ
・ツイストレッグレイズ
ガンバレー!!
・プランク
・ワイドスクワット
昼
・サラダ
・雑穀米おにぎり
・サラダチキン
ローストビーフ丼
ごはん少なめ
プレゼンの日
おやつにゆで卵
15
16
17
18
ウォーキング
なわとび
しょうが紅茶
玄米 焼き鮭
1日5食開始
豆乳スープ
22
23
24
25
むくみを解消するポーズ
集中力を高めるポーズ
いつもより集中してがんばるぞ～!!
プロジェクト打ち合わせ
なわとび
わかめスープ
おすし
豚キムチ

高尾美穂（たかお・みほ）

女性のための総合ヘルスクリニック、イーク表参道副院長。医学博士、産婦人科専門医、スポーツドクター。東京慈恵会医科大学大学院修了。同大学附属病院産婦人科助教を経て現職。産婦人科外来に携わるほか、女性アスリートのメディカルサポートなどを行う。ヨガを長年愛好し、診療のかたわらヨガドクターとして、各種講座・講演活動で全国を飛び回る日々。主な著作は『超かんたんヨガで若返りが止まらない！ 老けたくないなら、骨盤底筋を鍛えなさい』『いちばん親切な更年期の教科書』（ともに世界文化社）など多数。

編集	齋藤那菜　引田光江（グループONES）
執筆協力	齋藤那菜（グループONES）
カバー・本文デザイン	岩永香穂（MOAI）
イラスト	ふうき
モデル	SOGYON（スペースクラフト）
撮影	竹内浩務
ヘアメイク	鎌田真理子
校正	株式会社ぷれす

生理周期に合わせてやせる！
超効率的フェムテックダイエット

著　者　高尾美穂
発行者　池田士文
印刷所　三共グラフィック株式会社
製本所　三共グラフィック株式会社
発行所　株式会社池田書店
〒162-0851
東京都新宿区弁天町43番地
電話 03-3267-6821（代）
FAX 03-3235-6672

落丁・乱丁はお取り替えいたします。

ISBN 978-4-262-16657-5

[本書内容に関するお問い合わせ]
書名、該当ページを明記の上、郵送、FAX、または当社ホームページお問い合わせフォームからお送りください。なお回答にはお時間がかかる場合がございます。電話によるお問い合わせはお受けしておりません。また本書内容以外のご質問などにもお答えできませんので、あらかじめご了承ください。本書のご感想についても、弊社HPフォームよりお寄せください。
[お問い合わせ・ご感想フォーム]
当社ホームページから
https://www.ikedashoten.co.jp/

21000012